Some Online Reviews

Forget Count Dracula

I would say I LOVE this little quote book but that would be
inappropriate. I learned that Romanians are reluctant to use the
word love the way we Americans do because it dilutes the meaning
of such an important word. The more I thought about this, the more
I had to agree. Buried in this book are just such thought provoking
gems. Often, we learn more about who we are as products of our own
culture by exploring another. Awesome read. Wait—is AWESOME
too strong, and overused?

Ann Sheybani

Best Gift Ever!

The Little Book Of Romanian Wisdom was given to me as a gift
by a friend. It turned out to be a pleasant surprise and the best gift
ever. As a native Romanian I can say that the authors summarize to
perfection what Romania tastes like. If you are willing to find out
that Romania is so much more than Dracula, then this book is for
you. I am currently using this book to educate my friends from all
over the world that have an interest in learning more about Romania.

Diana Cristea

A Unique Book - With a Unique Perspective

Every now and then a book comes along that wonderfully bridges the
gap between subject and reader. *The Little Book of Romanian Wisdom*
not only bridges that gap, it also welcomes us into the wisdom within
the culture known mostly throughout the world as 'The Home of
Dracula.' I was delightfully surprised and inspired at the richness
to be found within the pages of this book. Who would have known
that so many amazing and history-shaping people came from this
ancient country?

Daniel Hall

TESTIMONIALS

The Little Book of Romanian Wisdom is a precious gem for anyone wishing to cultivate the deep-seated knowledge of an ancient culture. We can all learn, grow and evolve through the soulful guidance and peaceful words of this beautifully crafted work. This is a book not just for Romanians but for the world to read and live by.

Dr. Carmen Harra, bestselling author of
The Eleven Eternal Principles and Wholeliness

This little book is a gem, that makes the Romanian wisdom and culture shine! I am very grateful to Diana Doroftei, who grew American wings, but continues to celebrate her Romanian roots in such a lovely way. There is so much to say about the richness of the Romanian spirit. And this admirable endeavor does a lot in this respect. Bravo! To many more!

Simona Miculescu, Ambassador extraordinary and plenipotentiary,
Permanent Representative of Romania to the UN

Each quote in *The Little Book of Romanian Wisdom* should be offered as a toast to the brilliance and spirit of the Romanian people... much as one would do with a shot of țuica [Romania's home-brewed national liquor], one great "spirit" acknowledging the other. *Noroc!*

Robert D. Friedman, M.D., co-author of The Divine Code of Da Vinci,
Fibonacci, Einstein and YOU and Nature's Secret Nutrient

As long as I can remember, I have collected quotes that touched me. Perhaps they were funny, profound, puzzling, or beautiful. *The Little Book of Romanian Wisdom* is full of inspiring quotes and stories that I can add to my collection, and use in my work and life.

Gurumarka Khalsa, yogi, spiritual guide and author, Total Fitness

This little jewel of Romanian Wisdom is a huge gift of inspiration from two talented people and a small nation. Who knew that Romania concealed such wisdom? Once you start reading it, you won't be able to put it down. Don't pass this treasure by.

Dr. Phil Nuernberger, author of The Warrior Sage

Testimonials

Romanians have an engrained wisdom, an ancestral quality to inspire, create, and guide others. *The Little Book of Romanian Wisdom* proves once again their perception, knowledge, judgements, and passions. Nicely crafted, the book is the ultimate guide for all those interested in discovering themselves while learning about this mystical country: Romania.

Aura Imbarus, educator, speaker and author of the
Pulitzer Prize nominated book Out of the Transylvania Night

Wisdom seems to find us in the exact moment in which our soul is in a quest for answers or for something to resonate with. The whole magic of wisdom: it knows no boundaries of language, religion or political color. Wisdom is what stays behind and crystallizes inside us when experience, genius, suffering, age or all of the above wash away the shores of our lives. That's why I am so proud that two wonderful people like Diana and Matthew came up with the idea of making the secret gems of Romanian wisdom known to the entire world, as they often go unseen or neglected. They're food for thought as well as for the soul, because genuine emotions are what our souls truly feast on...

Diana-Florina Cosmin, Editor-in-Chief of Forbes Life, Romania

THE
LITTLE BOOK OF
ROMANIAN
WISDOM

MICUȚA CARTE A
ÎNȚELEPCIUNII
ROMÂNEȘTI

DIANA
DOROFTEI & MATTHEW K.
CROSS

WWW.ROMANIANWISDOM.COM

Published in the United States of America by: Hoshin Media Company
P.O. Box 13, New Canaan, Connecticut 06840
www.HoshinMedia.com

ISBN: 0-9752802-6-0

Volume purchases at discount available for promotions, special occasions, etc. Contact info@HoshinMedia.com for more information.

The cover and main titles in this book are set in TRAJAN FONT, which is directly based on the letters inscribed on the 98-foot/30-meter high Trajan's column in Rome. Constructed by the architect Apollodorus of Damascus by order of the Roman Senate and completed in 113 A.D., the column honors (in detailed, pictorial top-to-bottom bas relief) Roman Emperor Trajan and his victorious campaign against the Dacians, the pre-Roman inhabitants of present-day Romania.

Coperta aceastei cărți folosește FONTUL TRAIAN, care este bazat în mod direct pe literele înscrise pe Columna Traiană din Roma, înaltă de 30 metri. Construită de arhitectul Apollodor din Damasc la ordinul Senatului din Roma și finalizată în 113 D.H., columna onorează (în detaliu, imagini în basorelief de sus până jos) Împăratul Roman Traian și victorioasele sale expediții împotriva Dacilor, strămoșii noștri care au locuit înaintea romanilor în actuala Românie.

Trajan's Column, Rome
Columna lui Traian, Roma

Close-up of the top of Trajan's Column, showing the original TRAJAN FONT.
Prim plan al vârfului Columnei lui Traian, arătând originalul FONTUL TRAIAN.

DEDICATION

This book is dedicated to our families and close friends and to all the people of Romania. 10% of the profits from this book will be donated to children in need in Romania.

DEDICAȚIE

Această carte este dedicată familiilor noastre și prietenilor apropriați precum și tuturor românilor. 10% din profitul obținut din această carte va fi donat copiilor nevoiași din România.

On the cover, starting from bottom left:

Madalina Burca, international student, as a baby • Trajan's Bridge in Drobeta Turnu-Severin (linked present-day Romania to Serbia, 2nd century, A.D.); bas relief section from Trajan's Column, Rome • Mihai Eminescu, beloved national poet • Sibiu, medieval city • Romanian children in traditional dress • Vlad Tepes, a.k.a. Vlad the Impaler—better known as Dracula • Arch of Triumph, Bucharest • Nadia Comaneci, Olympic Gold Medal gymnast • Monica Birladeanu/Dean, actress and model; cover of *The One* magazine • Varatec Monastery, Neamt County • "The Kiss," by sculptor Constantin Brancusi • Mythical She-Wolf and baby twins Romulus & Remus (Rome's original founders, according to legend) statue, in Cluj-Napoca • Gheorghe Zamfir, virtuoso pan flutist. CENTER: Romanian Coat of Arms and flag colors of blue, yellow and red; Draco Dragon, Dacian standard/symbol.

Romania breaking off her chains on the field of liberty,
by Constantin Daniel Rosenthal, 1820-1851

România rupându-și cătușele pe Câmpia Libertății, pictată de Constantin Daniel Rosenthal, 1820-1851

The colors of the Romanian flag (Romanian: Drapelul României) have a long history. Red, yellow and blue were found on late 16th-century royal grants of Michael the Brave, as well as on shields and banners. During the Wallachian uprising of 1821, they were present on the canvas of the revolutionaries' flag and its fringes; for the first time a meaning was attributed to them: "Liberty (sky-blue), Justice (field yellow) and Fraternity (blood red)."

Pe copertă, începând cu stânga jos:

Mădălina Burcă în copilărie • Podul lui Traian din Drobeta Turnu-Severin care a făcut legatura între actuala Românie și Serbia; basorelief pe Columna lui Traian din Roma • Mihai Eminescu • Sibiu • Copii îmbrăcați în costum tradițional • Vlad Țepeș-Dracula • Arcul de Triumf, București • Nadia Comăneci • Monica Bîrlădeanu (Dean) • Mănăstirea Văratec, Județul Neamț • Sărutul, sculptură realizată de Constantin Brâncuși • Lupoaica cu Romulus și Remus • Gheorghe Zamfir CENTRU: Stema României

Culorile de pe steagul României (Drapelul României) au o istorie foarte îndelungată. Culorile roșu, galben și albastru au fost găsite încă din secolul XVI pe diplomele emise de Mihai Vitezul, pe scuturi și pe lambrechinii stemelor. În timpul Răscoalei lui Tudor Vladimirescu din 1821, culorile au fost pictate pe pânza drapelului și semnificau: "Libertate (albastrul cerului), Dreptate (galbenul ogoarelor), Frăție (roșul sângelui)."

INTRODUCTION

Romania is a rich, diverse country with an open
hearted and passionate people. You might say it's
an intense and wonderful place to live.

Grant McKenzie, Vice President of Marketing, URSUS Breweries

Considered by many the most beautiful country in
Eastern Europe, Romania still claims regions that seem
bastions of a medieval past long since lost elsewhere.

Fodor's Guide to Eastern and Central Europe

Romania. For most of the world, the name usually conjures up images of Dracula and Olympic gymnastics legend Nadia Comaneci—and not much else. Yet this country with a rich history stretching back thousands of years contains countless wonders and hidden gems, and has produced many people who've made a major impact on the world.

Contrast. Tradition. Rapid development. Rich culture. Romania is a country which, despite its relatively small size (about as big as New York and Pennsylvania combined), is becoming an increasingly popular place to invest. The transition from a former communist Soviet bloc country to a more modern 21st century member of the European Union is happening quickly. Possessing a moderate climate and diverse terrain of mountains, plains, forests and seaside, Romania is a most interesting place to visit. Yet even with its diverse natural treasures, medieval castles, ancient monasteries and historic cities, the country's greatest treasure remains its *people*.

Romania is a land of sometimes puzzling contrasts. A good example is the word *Love*, which is used rarely, as it often connotes vulnerability, even weakness. It's also felt by many Romanians that the over-use of the word love dilutes its potency—another reason it is used sparingly, to maximize its impact. From city streets where a new Mercedes can pass an old horse-drawn wagon driven by peasant farmers, to the classy fashion sense many Romanians display daily juxtaposed with an increasing gap between wealthy and poor, the country seems torn between past and future. Perhaps this is one reason many Romanians seem uncertain about their place, their purpose— and thus their true potential. This may also stem from a limiting collective cultural memory, borne from continuously being conquered throughout much of recorded history. Yet one can also sense a strong latent potential in the country and its people—if they could align their rich cultural heritage, advanced educational status and the world-shaping achievements of numerous Romanians (many of whom are featured in this book). As James Rosapepe, former U.S. Ambassador to Romania and journalist Sheilah Kast, authors of the 2009 book *Dracula is Dead* observed,

> *Pound-for-pound, Romanians may be more well-educated on average than Americans are.*

Alongside the under-recognized yet advanced education of many Romanians is their rich and humbling hospitality, especially prevalent in smaller towns and villages. Indeed, as Romanian Olympic marathon qualifier Anatol Vartosu noted,

> *It is said that if a Romanian has only one slice of bread, he'll give you half.*

Like every country, Romania has had its share of unfortunate history, such as the repressive communist regime of Nicolae Ceausescu and the tragedy of its orphans in the 1990's. Yet, after confronting these and other obstacles, the country learns and continues to evolve, in its quest for a more just, humane and prosperous society.

We wrote this book to share some of the wisdom, insights and life principles—common to profound—of the proud people of Romania, both the world famous and everyday citizens. Much of this wisdom has remained hidden behind the barrier of a language spoken by only about 25 million people in the world. A striking contrast to this fact is that Romanian is one of the top languages spoken within Microsoft, according to the video *A World Without Romania*.

While most of the selections are original quotes or pearls of wisdom from the featured authors, some are drawn from Romanian folklore, as remembered by its people. As such, this book is meant to be a meaningful sample of quotes expressing Romanian wisdom. It was created to be both an introduction and an invitation to go deeper into the wisdom and soul of a country, and in the process, awaken the wisdom of the heritage within each of us.

Our selections are from over 100 people, all of whom were born in Romania. They include Hollywood legends Edward G. Robinson, John Houseman, Bela Lugosi, the original Tarzan (and Olympic gold medalist swimmer) Johnny Weissmuller; Nobel Peace Prize-winning author Elie Wiesel and Olympic gold medal gymnast Nadia Comaneci; to the lesser-known outside the country, such as the poet Mihai Eminescu, who's fame it's been said would have rivaled Shakespeare, had Eminescu written in English—to everyday people in Romania—students, parents, working people and so on. It is in support of the proud spirit and true potential of the Romanian people, present and future, that this book was created.

Each of us has a rich personal legacy. Yet many have lost touch with or do not fully appreciate the gifts or wisdom of their cultural or even their familial heritage. In this spirit, what can we do to cultivate a deeper connection with our heritage, and more than this, a deeper appreciation of life itself? Along similar lines, it was ironically Nicolae Ceausescu who said:

In the social education of the masses, knowing your country's history constitutes a very important factor for the development of the country's consciousness, of knowing what has been truly revolutionary in its past, and also what persists into the present that needs to be fought.

The deeper we explore our origins, the more we can discover who we really are and what we're capable of. Our unique heritage is like our personal North Star, guiding us wherever we go. The culture and the land we are from is a part of our DNA. It is the power of the place we were born imprinted on our soul. On some level, our place of origin has an ongoing impact on who we are today. By learning about our heritage, our ancestors and their dreams, and those people who represent our culture's highest ideals, we may find that we reconnect with a deeper meaning and inspiration in our lives.

As a result of working on this collection over several years, the following quote came to us,

In order to be a master of your destiny, you must be a student of your history.

The Little Book of Romanian Wisdom was written to shine a light on the hidden wisdom and heritage of one country, in this case Romania. Since we are all ultimately from the same family, it could just as easily apply to you, Romanian or not. It was created to enlighten and inspire the best in us, whatever our country of origin. As Thomas Paine, one of America's founding patriots said,

My country is the world and my religion is to do good.

We hope you enjoy this collection of Romanian wisdom quotes as much as we enjoyed assembling it.

Diana Doroftei and Matthew K. Cross
New Canaan, Connecticut
September 12, 2011

Romania nourishes the soul and the heart.
HRH Charles, The Prince of Wales

Romania is the most amazing, beautiful, wildest and historic landscape in Europe.
Charlie Ottley, writer & presenter, Wild Carpathia

INTRODUCERE

România este o țară bogată, plină de diversitate,
cu oameni deschiși și pasionați. Aș putea spune că a locui
în România este o experiență minunată și intensă.

Grant McKenzie, Vicepreședinte Marketing, Ursus Breweries

Considerată de către mulți ca fiind cea mai frumoasă
țară din Estul Europei, România continuă să dețină regiuni
care arată ca bastioanele unui trecut medieval, pierdute
de mult timp în alte locuri.

Ghidul Fodor pentru Centrul și Estul Europei

România. Pentu majoritatea lumii numele de obicei aduce în
minte imagini despre Dracula și legenda campioanei olimpice Nadia
Comăneci însă nimic mai mult. Această țară cu o istorie bogată care se
întinde pe o perioadă de mii de ani conține comori ascunse precum și
nenumărate lucruri de care să te miri, de aici plecând mulți oameni care
au avut un impact major asupra lumii.

Contrast. Tradiție. Dezvoltare rapidă. Cultură bogată. România este
o țară care, în ciuda mărimii sale (aproape la fel de mare cât New York
și Pennsylvania împreună), devine un loc cu o popularitate crescândă
pentru a investi. Tranziția de la țara aparținând blocului sovietic
comunist de odinioară, la o țară mult mai modernă a secolului XXI,
membră a Uniunii Europene se desfășoară rapid. Având un climat
moderat și diverse regiuni muntoase, dealuri, păduri și mare, România
este un loc interesant și plăcut pentru a fi vizitat. Cu toate că România
are castele medievale, mănăstiri antice, resurse naturale și orașe istorice,
totuși, cea mai de preț comoară a țării rămân *oamenii*.

România este o țară de contraste intrigante. Unul din exemplele în
acest sens este însăși cuvântul iubire, care este folosit rar deoarece implică
adesea ideea de vulnerabilitate, chiar slăbiciune. De asemenea, mulți
români simt că folosirea prea frecventă a cuvântului iubire micșorează
puterea acestuia, iar pentru a maximiza impactul mesajului se recurge la
uzarea lui într-un mod foarte cumpătat. Începând cu străzile unde un
Mercedes ultimul model poate fi văzut alături de o căruță cu cai mânată
de țărani, până la tendința în modă pe care majoritatea românilor o

afișează zilnic cu o discrepanță covârșitoare între cei avuți și cei săraci, țara pare o ruptură între trecut și viitor. Probabil acesta este motivul pentru care foarte mulți români par nesiguri în ceea ce privește locul lor, misiunea lor în viață și prin urmare potențialul propriu. Această atitudine poate proveni de asemenea și de la o convingere limitativă la nivel colectiv, născută în urma învingerilor continue care au avut loc de-a lungul întregii istorii. Oricine poate observa puterea, mândria și potențialul latent al românilor și al țării per ansamblu. Este nevoie doar de o aliniere la tradiția culturală foarte bogată, la sistemul educațional surprinzător de avansat și la realizările obținute la nivel mondial de către numeroși români, mulți dintre ei fiind menționați in această carte. James Rosapepe, fost ambassador SUA în România și jurnalista Sheilah Kast, autori ai cărții Dracula is Dead, afirmă că,

Per total, se poate ca românii să fie mult mai educați în medie decât sunt americanii.

Alături de statutul educațional care este avansat însă cu mult subapreciat, românii dau dovadă de o ospitalitate autentică predominantă în satele și orașele de mărimi mici si mijlocii. Pentru a întări ideea expusă, Anatolie Vârtosu ne amintește că,

Dacă un român are o felie de pâine îți dă și ție jumătate.

Ca orice altă țară România a avut partea ei de nefericire în trecut, precum sistemul represiv comunist a lui Nicolae Ceaușescu și tragedia copiilor orfani din anii 1990. Cu toate acestea, după confruntarea cu aceste obstacole țara continuă să învețe și să se dezvolte aflându-se în căutarea unei societăți mai prospere și mai cinstite.

Am scris această carte pentru a împărtăși o parte din înțelepciunea, gândurile profunde și principiile de viață – de la obișnuit la profund – a oamenilor mândri că sunt români, atât persoane faimoase cât și cetățeni de zi cu zi. Mare parte din această înțelepciune a rămas ascunsă în spatele barierelor limbii care este vorbită în lume de aproximativ 25 de milioane de oameni. Un contrast interesant care stârnește atenția în ceea ce privește acest lucru este faptul că limba română este cea de a doua limbă vorbită la Microsoft, conform filmulețului *O lume fără România.*

În timp ce majoritatea selecțiilor sunt citate originale ale persoanelor menționate în carte, sunt și unele care provin din cultura folclorului românesc, fiind reamintite de către oameni. Prin urmare, cartea a fost creată pentru a fi o introducere în sufletul țării precum și o invitație pentru cititor să pătrundă mai adânc în esența României, încurajând reflectarea asupra înțelepciunii lăuntrice.

Selecțiile noastre de citate, provenind de la mai mult de 100 de persoane, aparțin doar celor care s-au născut în România. Acestea includ legende ale Hollywood-ului Edward G. Robinson, Bela Lugoși și Johny Weissmuller cel care a jucat rolul lui Tarzan pentru prima oară, câștigător al medaliei de aur la înnot; autorul Elie Wiesel, câștigătorul Premiului Nobel pentru Pace și câștigătoarea medaliei de aur la gimastică Nadia Comăneci; oameni mai puțin cunoscuți în străinătate, precum poetul Mihai Eminescu, a cărui faimă se spune că ar fi rivalizat-o pe cea a lui Shakespeare, dacă Eminescu ar fi vorbit sau scris în limba engleză—până la oamenii de zi cu zi din România—studenți, părinți, muncitori și așa mai departe. Cartea a fost creată pentru a veni în suportul caracterului și potențialului românilor.

Fiecare dintre noi beneficiază de moștenire individuală extrem de bogată. Cu toate acestea mulți sunt cei care au pierdut legătura spirituală cu locul de origine, neapreciind înțelepciunea ce caracterizează mediul cultural și familial din care provin. În acest sens, ce poți face pentru a cultiva o legătură mai strânsă cu locul de origine și mai mult decât atât, o apreciere deplină a vieții înseși? În aceeași ordine de idei, Nicolae Ceaușescu a afirmat pe un ton perceput de către mulți ca fiind ironic,

În educarea socialistă a maselor, cunoașterea istoriei proprii constituie un factor important al dezvoltării conștiinței de sine a poporului, al cunoașterii a ceea ce a fost înaintat, cu adevărat revoluționar în trecutul său, precum și a ceea ce a fost retrograd și trebuie combătut.

Cu cât mai mult explorăm, cunoaștem și ne aprofundăm în originile noastre cu atât mai mult putem descoperi cine suntem cu adevărat și de ce suntem capabili. Locul în care ne naștem nu poate fi ales, însă este sacru, fiind Steaua noastră Polară care ne călăuzește oriunde ne-am afla. Cultura și locul în care ne-am născut sunt imprimate in ADN-ul nostru. Sufletul fiecăruia este călăuzit de puterea locului de origine, acesta având un impact continuu asupra vieții, existenței și esenței noastre. Prin dobândirea de cunoștințe despre strămoși, visele și speranțele lor pentru viitor, despre cei care reprezintă idealurile supreme ale culturii noastre, putem descoperi inspirația și înțelesul de mult timp căutate. În urma concretizării acestei colecții de citate care s-a întins de-a lungul câtorva ani, următorul citat s-a născut,

Pentru a fi maestrul propriului tău destin, trebuie să fii cercetătorul propriei tale istorii.

Micuța Carte a Înțelepciunii Românești a fost scrisă pentru a pune în lumină înțelepciunea ascunsă a unei țări, România. A fost creată să lumineze și să inspire cea mai sublimă latură a noastră, indiferent de țara din care provenim. Așa cum Thomas Paine, unul din fondatorii Americii a spus,

Țara mea este lumea și religia mea este să fac bine.

Sperăm ca vă veți bucura de această colecție de citate la fel de mult cum noi ne-am bucurat să le adunăm.

Diana Doroftei & Matthew K. Cross
New Canaan, Connecticut
September 12, 2011

Romania iti hraneste sufletul si inima.

HRH Printul Charles de Wales

Romania are cel mai minunat, frumos, salbatic si istoric peisaj din Europa.

Charlie Ottley, scriitor si prezentator
al documentarului Wild Carpathia

The power to create your life is always in your hands.
Puterea de a-ți crea viața stă întotdeauna doar în mâinile tale.

Please fasten your seat belt,
we are about to take off...

Traian Vuia (1872-1950), Romanian
aviation pioneer and inventor.

TABLE OF CONTENTS

℃

CUPRINS

Sibiu, medieval city in central Romania
Sibiu, oraş medieval în centrul României

LIFE & VIAȚĂ

Travel safely and may your way be open wherever you go and wherever your thoughts are.

Tanase Tofana, grandmother

Călătorește în siguranță iar calea să-ți fie deschisă oriunde mergi și oriunde se află gândurile tale.

Tănase Tofana, bunică

The real measure of a person's life cannot be obtained except through lack of measure, desiring without measure, daring without measure, loving without measure.

Octavian Paler, writer, journalist, politician

Adevărata măsură a vieții unui om nu se poate obține decât prin lipsa de măsură, dorind fără măsură, îndrăznind fără măsură, iubind fără măsură.

Octavian Paler, scriitor, jurnalist, politician

Tell me who your friends are so I can tell you who you are.

Radu Doroftei, student; inspired by cultural wisdom

Spune-mi cu cine te iei ca să-ti spun cine ești.

Radu Doroftei, elev; proverb inspirat din intelepciunea populara

1

Elie Wiesel
(1928-; born in Sighetu
Marmatiei, Romania).
Professor, political activist
and Holocaust survivor;
author of the classic
memoir *Night*.

Elie Wiesel
(1928-; născut în Sighetu
Marmației). Profesor, activist
politic, supraviețuitor al
Holocaustului; autor al
biografiei *Noaptea*.

There are victories of the soul and spirit. Sometimes, even if you lose, you win.

Elie Wiesel, writer; Nobel Peace Prize, 1986

Există victorii ale sufletului și ale spiritului. Uneori, chiar dacă pierzi, câștigi.

Elie Wiesel, scriitor; Premiul Nobel pentru Pace, 1986

Life is like the tracks of a train and the station stops are like important turning points in your life. Sooner or later, the train will take you where you need to go.

Flavius George Stroia, student

Viața este precum șinele unui tren iar opririle în stații sunt momentele importante din viața ta. Mai devreme sau mai târziu, trenul te va conduce acolo unde trebuie să mergi.

Flavius George Stroia, student

1

Be human to me so that I can be human to you.

Din Ion, builder

Fii om cu mine ca să fiu om cu tine.

Din Ion, constructor

The more things you learn about life the more you realize that you have to live in the moment.

Diana Doroftei, author

Cu cât înveți mai multe lucruri despre viață cu atât mai mult realizezi că trebuie să trăiești în moment.

Diana Doroftei, autor

TO LAST, YOU NEED TO BE REAL.

Edward G. Robinson, legendary Hollywood actor and art collector

CA SĂ DUREZI TREBUIE SĂ FII REAL.

Edward G. Robinson, actor legendar la Hollywood și colecționar de artă

WE ARE NOT TAKING ANY RICHES WITH US. OUR LEGACY WILL BE ONLY WHAT WE HAVE GIVEN.

Florin Piersic, movie and theatre actor

NU LUĂM CU NOI NICI O AVUȚIE. CEEA CE NE RĂMÂNE MOȘTENIRE ESTE NUMAI CEEA CE AM DAT.

Florin Piersic, actor de film și de teatru

In massage, as in life, what matters more than the force of your work is that you always have something to give.

Constanta Ciornovalic, biotherapist and reflexologist

În masaj, ca și în viață, ceea ce contează mai mult decât forța muncii tale este ca tu să ai întotdeauna ceva de oferit.

Constanța Ciornovalic, bioterapeut și reflexoterapeut

1

Life is too beautiful to live it alone.

Cerasela Feraru, student

Viața este prea frumoasă ca să o trăiești singur.

Cerasela Feraru, studentă

In life, you often have to play the other people's game.
If you want to win, play it with your own rules.

Diana Doroftei, author

În viață, de cele mai multe ori trebuie să joci jocul celorlalți.
Dacă vrei să câștigi, joacă-l cu propriile tale reguli.

Diana Doroftei, autor

Little springs make great rivers.

Cultural wisdom

Apele mici fac râurile mari.

Proverb popular

Either act as you speak, or speak as you act.

Cultural wisdom

Ori te poartă cum ți-e vorba, ori vorbește cum ți-e portul.

Proverb popular

1

To be Romanian means to have the capacity to do things well, to be honest and to have a complete way of being in the world... to have common sense, to have a natural way to "breathe" [feel, be empathetic with] other people, to have kindness and a desire for justice.

Dan Puric, famous pantomime actor

A fi român înseamnă a avea capacitatea lucrului bine făcut, a onestității și al unui mod integral de a fi în lume... cu bun simț, a avea un anumit firesc în a-i "respira" pe ceilalți, o blândețe și o dorință de dreptate.

Dan Puric, actor de pantomimă

IF A FRIEND ASKS FOR YOUR HELP, GIVE IT WITHOUT EXPECTING ANYTHING IN RETURN.

Sorin Tanasa, master automotive technician

DACĂ UN PRIETEN IȚI CERE AJUTORUL, AJUTĂ-L FĂRĂ SĂ AȘTEPȚI NIMIC ÎN SCHIMB.

Sorin Tănasă, expert auto

**Monica Birladeanu/Dean
(1978-; born in Iasi, Romania).
Actress and model, she has
appeared in the No.1 television
show *Lost* and on *Nip/Tuck*,
and starred in the foreign film
Francesca.**

Monica Birladeanu/Dean
(1978-; născută în Iași). Actriță
și model, ea a apărut în filmele
Lost, filmul nr.1 în Statele Unite,
jucând rolul Gabrielei Busoni,
Nip/Tuck, *Francesca* – *rolul
principal.*

Leaving my familiar environment in Romania, a place where
I had family, friends and success for a completely new country who's
language I barely spoke and a city where I knew no one [Los Angeles],
forced me to develop an intimate relationship with myself and become
my best and only friend. I understood one of the most important
things about relationships: if I'm not at peace and can't even make
myself happy, how can I hope to make anyone around me happy,
no matter how much I'd want to?

Monica Birladeanu/Dean, Hollywood actress

Lăsând în urmă mediul bine cunoscut al României, un loc unde
am avut familie, prieteni și success, pentru o țară nouă a cărei limbă
nici măcar nu o vorbeam și un oraș în care nu știam pe nimeni [Los
Angeles], m-a forțat să dezvolt o relație profundă cu mine însămi și
să devin singurul meu prieten cel mai bun. Am înțeles unul dintre
cele mai importante lucruri în relații: dacă nu sunt împăcată cu mine
însămi și nu mă pot face fericită, cum pot spera să fac pe cineva
din jurul meu fericit, indiferent de cât de mult aș încerca?

Monica Birlădeanu/Dean, actriță la Hollywood

1

WHAT LIFE IS TEACHING YOU IS MUCH MORE IMPORTANT THAN WHAT SCHOOL TEACHES.

Emi, gypsy

CEEA CE VIAȚA TE ÎNVAȚĂ ESTE MULT MAI IMPORTANT DECAT CEEA CE TE ÎNVAȚĂ ȘCOALA.

Emi, rrom

The man makes the place holy.

Cultural wisdom

Omul sfințește locul.

Proverb popular

The noblest vengeance is to forgive.

Cultural wisdom

Iertarea e răzbunarea cea mai bună.

Proverb popular

1

Good words cost nothing and are worth much.
Paraschiva Loghin, sales reprezentative

Vorba dulce mult aduce.
Paraschiva Loghin, vânzătoare

Speech is silver, silence is gold.
Cultural wisdom

Vorba e de argint, tăcerea e de aur.
Proverb popular

THE MOST IMPORTANT JOB IS TO LIVE YOUR LIFE TO THE FULLEST.
Bogdan, automobile salesman

CEL MAI IMPORTANT JOB ESTE SĂ-ȚI TRĂIEȘTI VIAȚA DIN PLIN.
Bogdan, agent comercial mașini

1

LIFE CAN BE LIVED ANYWHERE. THE DECOR IS OF NO IMPORTANCE, THE INTENSITY IS ESSENTIAL.

Cezar Petrescu, author

VIAȚA POATE FI TRĂITĂ ORIUNDE. DECORUL NU ARE NICIO IMPORTANȚĂ, ESENȚIALĂ ESTE INTENSITATEA.

Cezar Petrescu, autor

If you have a dream, do not renounce it. Fight as much as you can to achieve it and you will enjoy the results.

Mira Horton, journalist

Dacă ai un vis, nu renunța la el. Luptă cât de mult poți pentru a-l îndeplini și te vei bucura de rezultate.

Mira Horton, jurnalist

A small twig can overturn a big wagon.

Irina Loghin, accountant

Buturuga mică răstoarnă carul mare.

Irina Loghin, contabilă

Try to be useful in your life and not make too much shade on the earth.

Maia Morgenstern, film and stage actress; played Mother Mary in the Mel Gibson film The Passion of The Christ

E bine să te străduiești în viață să fii util și să nu faci umbră degeaba pământului.

Maia Morgenstern, actriță de film și de teatru; a jucat rolul Fecioarei Maria în filmul Patimile lui Iisus al regizorului Mel Gibson

When a thing is done, advice comes too late.

Cultural wisdom

Când un lucru este făcut, sfatul vine prea târziu.

Proverb popular

LIFE HAS BEEN GIVEN TO US TO LIVE IT, NOT TO THINK IT.

Octavian Paler, beloved author

VIAȚA NE-A FOST DATĂ PENTRU A O TRĂI, NU PENTRU A O GÂNDI.

Octavian Paler, autor renumit

1

**Johnny Weissmuller
(1904-1984; born in Timisoara,
Romania). Olympic swimming
champion and legendary
Hollywood actor:
the original Tarzan.**

Johnny Weissmuller
(1904-1984; născut la Timișoara).
Campion olimpic la înnot și actor
legendar de film la Hollywood:
cel care a jucat pentru prima dată
rolul lui Tarzan.

**I have always been vitally interested in physical conditioning.
I have long believed that athletic competition among people and
nations should replace violence and wars.**

Johnny Weissmuller, Olympic gold medalist and Hollywood actor

Am fost întotdeauna foarte interesat de condiția fizică. De mult
timp cred că, competițiile sportive între oameni și națiuni ar trebui să
înlocuiască violența și războaiele.

Johnny Weissmuller, campion Olimpic și actor la Hollywood

God gives you bread, but he's not going to chew it for you.

Bianca Marinescu, medical student; inspired by cultural wisdom

Dumnezeu iți dă pâinea, dar nu ți-o bagă și în traistă.

*Bianca Marinescu, studentă medicina; proverb inspirat din
intelepciunea populara*

28

It is more appreciated when you work for or create something, then when you receive it without effort.

Ancuta Craescu, accountant

Apreciezi mai mult ceva pentru care muncești sau creezi, decât atunci când primești de-a gata.

Ancuța Crăescu, contabilă

Commitment is the daily triumph of integrity over skepticism.

Dr. Joseph M. Juran, quality management pioneer

Angajamentul este triumful zilnic al integrității asupra scepticismului.

Dr. Joseph M. Juran, deschizător de drumuri în managementului calității

Dr. Joseph M. Juran (1904-2008; born in Braila, Romania) and co-author Matthew K. Cross. Juran popularized the broad application of the Pareto Principle or 80/20 Rule, e.g., 20% of our actions lead to 80% of the results we achieve.

Dr. Joseph M. Juran (1904-2008; născut la Brăila) și co-autorul Matthew K. Cross; Juran este cel care a popularizat vasta aplicare a Principiului Pareto - regula 80/20 sau Puțin Vital vs. Mult Trivial – ex. 20% din acțiunile noastre conduc la 80% din rezultate dobândite.

1

> ## YOU LIVE THE LIFE THAT YOU CHOOSE.
>
> *Diana Doroftei, author*
>
> ## TRĂIEȘTI VIAȚA PE CARE ȚI-O ALEGI.
>
> *Diana Doroftei, autor*

Sometimes you need to have things fall apart in life in order to realize what the most important things are in it.

Ancuta Craescu, accountant

Uneori este nevoie să primești o palmă de la viață pentru a realiza lucrurile cele mai importante din ea.

Ancuța Crăescu, contabilă

If you don't know an old person, get to know one; if you know one, treat them as a treasure.

Veronica Petrencic, student

Dacă nu ai un bătrân, cunoaște unul. Dacă ai, prețuiește-l.

Veronica Petrencic, student

Learn how to let a smile bloom on your face - it is the gift that you can offer to others, it is the gift that you can offer to the whole Universe!

1

Octavian Paler, writer, journalist, politician

Învățați să lăsați pe chipul vostru să înflorească un zâmbet - este darul pe care-l oferiți aproapelui, este darul pe care-l oferiți întregului Univers!

Octavian Paler, scriitor, jurnalist și politician

No need to think about life all at once. Think big, but take it step by step. A little step, a long life.

Stefan Mardare, Romanian national soccer player

Nu e nevoie să te gândești la viață luând totul deodată. Gândește vast dar ia-o pas cu pas. Un pas mic, o viață lungă.

Ștefan Mardare, jucător național de fotbal

Stefan Adrian Mardare (1987-; born in Bacau, Romania). Stefan is a central defender currently playing for FC Rapid Bucuresti.

Ștefan Adrian Mardare (1987-; născut în Bacău). Ștefan este fundaș central jucând în prezent la FC Rapid București.

1

Great boast, small roast.

Ionica Doroftei, manufacturer

Lauda de sine nu miroase a bine.

Ionica Doroftei, confecţioneră

In making theories, always keep a window open so that you can throw one out if necessary.

Bela Lugosi, legendary Hollywood actor

În crearea teoriilor, păstrează întotdeauna o fereastră deschisă, pentru a putea arunca una dacă este necesar.

Bela Lugoşi, actor legendar la Hollywood

Bela Lugosi (1882-1956; born in Lugoj, Romania). Legendary Hollywood film actor and first to portray Dracula in film (remarkable irony that the first cinematic Dracula was from Dracula's home country).

Bela Lugoşi (1882-1956; născut în Lugoj), actor legendar la Hollywood şi primul care a portretizat Dracula în film.

32

I AM A POWERFUL MAN BECAUSE, BEING WISE, I REALIZE WHEN I AM A FOOL.

Ion Tiriac, former international tennis champion and manager/mentor of former tennis world #1's Guillermo Vilas, Boris Becker and Steffi Graf; later a modern-day financier and philanthropist who became Romania's first billionaire

SUNT UN OM PUTERNIC DEOARECE, INTELIGENT FIIND, ÎMI DAU SEAMA CÂND SUNT PROST.

Ion Țiriac, fost campion internațional de tenis și manager/ mentor al foștilor campioni mondiali Guillermo Vilas, Boris Becker și Steffi Graf; mai târziu bancher și filantrop, devenind primul miliardar din România

When you make it to the top, don't leave behind the people and the places from where you came.

Evelina Costea, student

Când ajungi sus, nu uita de unde ai plecat.

Evelina Costea, student

1

**Matila Ghyka
(1881-1965; born in Iasi,
Romania), prominent
Romanian diplomat,
historian, mathematican
and author of**
The Geometry of Life.

Matila Ghyka
(1881-1965; născut în
Iași), diplomat, istoric,
matematician și autor al
cărții *Geometria Vieții.*

There is a geometry of art as there is a geometry of life, and,
as the Greeks had guessed, they happen to be the same.

*Matila Ghyka, referring to the Golden Ratio (Phi or Φ, 1.618:1),
the ubiquitous code which governs form, function and growth
throughout the Universe*

Există o geometrie a artei așa cum există și o geometrie a vieții
și așa cum grecii au bănuit, se întâmplă să coincidă.

*Matila Ghyka, referindu-se la Numărul de Aur (Phi or Φ,
1.618:1), omniprezentul Cod Divin care guvernează forma,
funcționarea și dezvoltarea pretutindeni Univers*

Every joke has a seed of truth.

Diana Doroftei, author

Fiecare glumă are un sâmbure de adevăr în ea.

Diana Doroftei, autor

1

No matter what you've done in your life the most important thing is not to regret, because in that specific moment you have done exactly what you wanted.

Andreea Filoti, economist

Indiferent de ceea ce ai făcut în viață important este să nu ai nici un regret, pentru că în momentul respectiv ai făcut exact ceea ce ți-ai dorit.

Andreea Filoti, economist

Reality is not simply there, it does not simply exist: it must be searched for and won.

Paul Celan, poet, translator, lecturer and essayist

Realitatea nu este pur și simplu obținută, trebuie să o cauți și să o câștigi.

Paul Celan, poet, translator, lector și eseist

Everything you know in life will always help you someday in some situation.

Michael Cretu, musician, founder of Enigma

Tot ceea ce știi în viață întotdeauna te va ajuta într-o bună zi, într-o situație anume.

Michael Crețu, musician, fondator al grupului Enigma

1

**Mihaela Radulescu
(1969-; born in Piatra Neamt,
Romania). Romanian television
show host and author of
About Simple Things.**
Mihaela Rădulescu
(1969-; născută în Piatra
Neamț). Prezentatoare
de televiziune; autoare a cărții
Despre Lucruri Simple.

I'm not looking at my future. Not even if you force my head in that direction, I'm not looking there. I don't want to see further than today.

Mihaela Radulescu, popular television and radio personality

Nu mă uit la viitorul meu. Nici dacă îmi întorci capul cu forța, nu mă uit în direcția aceea. Nu vreau să văd mai departe de ziua de azi.

Mihaela Rădulescu, prezentatoare renumită de radio și televiziune

People can be divided into two categories: those who are looking for the sense of life without finding it, and those who have found it without looking for it.

Emil Cioran, essayist, philosopher

Oamenii pot fi împărțiți în două categorii: cei care caută sensul vieții fără să-l găsească și cei care l-au găsit fără să-l caute.

Emil Cioran, eseist, filozof

36

1

If you justify yourself, you accuse yourself.

Diana Doroftei, author

Cine se scuză, se acuză.

Diana Doroftei, autor

Self-acceptance comes from meeting life's challenges vigorously. Don't numb yourself to your trials and difficulties, nor build mental walls to exclude pain from your life. You will find peace not by trying to escape your problems, but by confronting them courageously. You will find peace not in denial, but in victory.

Swami Kriyananda, born J. Donald Walters;
author, lecturer and composer

Acceptarea de sine vine din întâmpinarea puternică a provocărilor vieții. Nu da la o parte încercările și dificultățile tale, nici nu construi bariere pentru a exclude durerea din viața ta. Vei găsi liniștea nu încercând să fugi de problemele tale, ci înfruntându-le curajos. Vei găsi liniștea nu în refuz, ci în victorie.

Swami Kriyananda, born J. Donald Walters;
autor, lector și compozitor

It's not how much knowledge you have, it's adapting yourself to the rapidly, ever-changing knowledge of these times that counts most.

Alex Samoilescu, IT professional

Nu contează câte cunoștințe ai, ci contează să te adaptezi la modul rapid, mereu schimbător al cunoștințelor din zilele noastre.

Alex Samoilescu, expert IT

1

Words can sometimes, in moments of grace, attain the quality of deeds.

Elie Wiesel, writer; Nobel Peace Prize, 1986

Cuvintele pot uneori în momente de grație, să atingă calitatea faptelor.

Elie Wiesel, scriitor; Premiul Nobel pentru Pace, 1986

An expanded awareness is the first step to freedom.

Diana Dorftei, author

O conştiinţă dezvoltată este primul pas spre libertate.

Diana Doroftei, autor

It's never where you go or what you do, it's who you do it with that makes the difference.

Alex Samoilescu, IT professional

Nu contează unde mergi şi ce faci. Contează cel mai mult persoana care te însoţeşte.

Alex Samoilescu, expert IT

1. LIFE ⚜ VIAȚĂ

How you make your bed is how you'll sleep [live your life].

Neculai Doroftei, locksmith

Cum îți așterni așa dormi.

Neculai Doroftei, lăcătuș

1

In your lifetime you waste years and at death's door you beg for a moment.

Nicolae Iorga, writer, philosopher

Pierzi în viață ani și la moarte cerșești o clipă.

Nicolae Iorga, scriitor, filozof

I hardly have time to love. Why should I try and find time to hate?

Adriana Anton, beauty advisor

Abia am timp să iubesc. De ce aș încerca să gasesc timp să urăsc?

Adriana Anton, specialist în frumusețe

Although fortunes are being spent on devices that make us faster and more efficient, what we actually want the most is to slow down the flow of time. To learn how to let time pass slowly over us, to enjoy the pleasure of one day as if it would last forever.

Laura Lica, Editor-in-Chief, TAROM Airlines' Insight magazine

Cu toate că se cheltuiesc averi pe dispozitivele care ne fac mai rapizi și mai eficienți, ceea ce ne trebuiește cel mai mult este să putem încetini trecerea timpului. Să învățăm să lăsăm timpul să treacă peste noi lent, să ne bucurăm de plăcerea unei zile ca și cum ar fi o eternitate.

Laura Lica, Redactor-șef al revistei Tarom

1

Banality is a symptom of non-communication. Men hide behind their clichés.
Banalitatea este o simptomă a lipsei de comunicare. Oamenii se ascund în spatele propriilor lor clișee.

Ideologies separate us. Dreams and anguish bring us together.
Ideologiile ne separă. Visele și suferința ne apropie.

No society has been able to abolish human sadness, no political system can deliver us from the pain of living, from our fear of death, our thirst for the absolute. It is the human condition that directs the social condition, not vice versa.
Nici o societate nu a fost capabilă să abolească tristețea umană, nici un sistem politic nu ne protejează de suferința vieții, de frica de a muri, de setea pentru absolut. Este condiția umană cea care îndrumă spre condiția socială, nu vice versa.

Everything that has been will be, everything that will be is, everything that will be has been.
Tot ce-a fost va fi, tot ce va fi este, tot ce va fi a fost.

Eugene Ionesco, playwright and dramatist
Eugene Ionesco, autor dramatic și dramaturg

Eugene Ionesco (1909-1994; born in Slatina, Romania), playwright and dramatist. Ionesco inspired a revolution in dramatic techniques and was the father of the Theatre of the Absurd in Paris (signature, Caricature by Ionesco).

Eugene Ionesco (1909-1994; născut în Slatina), autor dramatic și dramaturg. Ionesco a inspirat o revoluție în tehnicile artistice dramatice și a fost creatorul Teatrului Absurd din Paris.

1

WHAT HAS HAPPENED IN THE PAST IS NOT SO IMPORTANT—IT IS WHAT IS HAPPENING TODAY AND WHAT WILL HAPPEN TOMORROW THAT REALLY COUNTS.

Marcel Avram, manager and promoter of Michael Jackson, Pink Floyd, Madonna, etc.

CEEA CE S-A ÎNTÂMPLAT ÎN TRECUT NU ESTE ATÂT DE IMPORTANT. CEEA CE CONTEAZĂ CEL MAI MULT ESTE CE SE ÎNTÂMPLĂ ASTĂZI ȘI CEEA CE SE VA ÎNTÂMPLA MÂINE.

Marcel Avram, manager și promoter pentru Michael Jackson, Pink Floyd, Madonna etc.

Preoccupation with time has not been one of my problems. I have friends for whom reaching the age of thirty has been a disturbing experience; others have attained forty with a chilling sense of having lived more than half their lives; a fiftieth birthday is a favorite occasion for neurotic behavior, while, at sixty, the threats of impotence and enforced retirement present rich opportunities for apprehension and gloom. Not for me. Throughout my life I have been too busy fighting my ill-organized battle against oblivion to worry about such mundane considerations as the passage of years. In three-quarters of a century my life has undergone innumerable transformations, each of which has demanded its own drastic adjustments—changes of activity and identity in which age has played only an incidental part.

John Houseman, from his memoir Unfinished Business

Preocuparea pentru trecerea timpului n-a fost niciodată una dintre problemele mele. Am prieteni pentru care împlinirea vârstei de treizeci de ani a fost o experiență deranjantă; alții au atins vârsta de patruzeci cu sentimentul înfricoșător că au trăit deja jumătate din viață; la vârsta de cincizeci se ivește o ocazie oportună pentru apariția unui comportament nevrotic, în timp ce la șaizeci amenințările impotenței și pensionarea silită prezintă oportunități bogate pentru aprehensiune și întristare. Nu pentru mine. Pe tot parcursul vieții am fost mult prea ocupat luptând împotriva obscurității, pentru a mă teme de această grijă lumească, precum trecerea anilor. În șaptezeci și cinci de ani viața mea a trecut prin transformări nenumărate, fiecare dintre ele cerând o ajustare drastică - schimbări de profesie și identitate în cadrul cărora vârsta a jucat doar un rol neînsemnat.

John Houseman, paragraf din biografia sa Unfinished Business

John Houseman (1902-1988; born in Bucharest, Romania). Oscar-winning actor (*The Paper Chase*). Houseman worked closely with Orson Wells and was an early acting teacher of Robin Williams and Christopher Reeve.

John Houseman (1902-1988; născut în București). Câștigător al premiului Oscar pentru filmul *The Paper Chase*, Houseman a lucrat cu Orson Weels și a fost profesor de teatru lui Robin Williams și Christopher Reeve.

You teach yourselves the law. I train your minds. You come in here with a skull full of mush, and if you survive, you'll leave thinking like a lawyer.

John Houseman, from the film The Paper Chase

Voi învățați legea, eu vă educ mințile. Voi veniți aici cu un craniu plin de absurdități și dacă supraviețuiți, veți pleca gândind ca un avocat.

John Houseman, replică cunoscută din filmul The Paper Chase

Sometimes it seems the things that aren't really controllable are the best things of all.

John Houseman, from his role in the original Bionic Woman

Câteodată, se pare că lucrurile care nu pot fi controlate sunt cele mai bune dintre toate.

John Houseman, replică din rolul său în filmul Bionic Woman

1

I think, in principle, that anyone can adapt to any geographical area or to any culture, when the motivation that keeps you there is stronger than the caprice and the comfort that a familiar place offers you... I think that I got from the New World [America] a little bit of punctuality, organization and also a more open attitude.

Monica Birladeanu/Dean, Hollywood actress

Cred că, în principiu, oricine se adaptează oricărui spațiu geografic sau oricărei culturi atunci când motivația care te ține acolo e mai puternică decât moftul sau confortul pe care ți-l oferă un loc arhifamiliar... Cred că datorez Lumii Noi [Statele Unite] un pic de punctualitate, organizare și de asemenea le mai datorez deschiderea.

Monica Bîrlădeanu/Dean, actriță la Hollywood

Where you have suffered the most, you get to help others the most, with the benefit of hindsight. And you sometimes just have to accept all that happened to you as part of your calling. Even if you had once expected life to bring something else your way.

Diana-Florina Cosmin, writer

Acolo unde ai suferit cel mai mult, poți ajuta cel mai mult, iar uneori trebuie pur și simplu să-ți accepți adevărata menire. Chiar și când avusesei alte planuri pentru viața ta.

Diana-Florina Cosmin, scriitor

44

Aura Imbarus (born in Sibiu, Romania), teacher, professional speaker and bestselling author of *Out of the Transylvania Night.*

Aura Imbarus (născută în Sibiu), profesor, speaker si autoarea bestsellerului *Out of the Transilvania Night.*

There are no coincidences in our lives. All that we are is the result of our thoughts and our subsequent actions. At birth, we are given a set of cards that we cannot exchange for another deck, but we can change the game we play. All is within our reach, for we are the tailors of our own universe.

Aura Imbarus, author

Nu există coincidențe în viețile noastre. Tot ceea ce suntem este rezultatul propriilor gânduri și ulterior al faptelor noastre. La naștere ne este dat un set de cărți pe care nu-l putem inlocui cu altul, insă putem schimba jocul pe care îl jucăm. Totul se află la îndemâna noastră, noi suntem croitorii propriului nostru univers.

Aura Imbarus, autor

1

When a person doesn't have gratitude, something is missing in his or her humanity. A person can almost be defined by his or her attitude toward gratitude.

Elie Wiesel, writer; Nobel Peace Prize, 1986

Când o persoană nu are recunoștință ceva îi lipsește din caracterul său omenesc. Fiecare persoană poate fi definită prin prisma atitudinii sale asupra recunoștinței.

Elie Wiesel, scriitor; Premiul Nobel pentru Pace, 1986

Elderhood means to have all ages in the same time.

Princess Martha Bibescu, aristocrat and writer

Bătrânețea înseamnă să ai toate vârstele în același timp.

Prințesa Martha Bibescu, romancieră, poetă și om politic

It's more important to give life to years than to give years to life.

Dr. Ana Aslan, life extension pioneer

Este mai important să dai viață anilor decât să dai vieții ani.

Dr. Ana Aslan, cercetătoare a Elixirului Vieții

46

LIFE IS THE MOST IMPORTANT GIFT WE ARE EVER GIVEN. EVEN THOUGH AT TIMES IT CAN BE SWEET MISERY, WE MUST REMEMBER TO ENJOY EVERY MOMENT.

Dorin Pamint, banker

VIAȚA ESTE CEL MAI IMPORTANT DAR CARE NE-A FOST OFERIT. CHIAR DACĂ UNEORI POATE DEVENI O DURERE CU GUST DULCE AMĂRUI, TREBUIE SĂ NE AMINTIM SĂ O SAVURĂM ÎN FIECARE MINUT.

Dorin Pămînt, bancher

Pray, sculpture by renowned artist Constantin Brancusi
Rugăciune, sculptură aparţinând celebrului artist Constantin Brâncuşi

INSPIRATION, SPIRIT

INSPIRAȚIE, SPIRIT

The way to create a miracle is to believe that you can do it. The rest is easy.

Nicolae Iorga, writer, philosopher

Cea mai mare minune este să crezi că poți face una. Restul e ușor.

Nicolae Iorga, scriitor, filozof

I need freedom to be happy.

Johnny Weissmuller, Olympic gold medalist (swimming, water polo) and Hollywood actor (Tarzan)

Am nevoie de libertate pentru a fi fericit.

Johnny Weissmuller, campion olimpic premiat cu aur la înnot și polo și actor la Hollywood (Tarzan)

2

Don't be afraid to be weak... Don't be too proud to be strong
Just look into your heart my friend... That will be the return to yourself
The return to innocence... If you want, then start to laugh
If you must, then start to cry... Be yourself, don't hide
Just believe in destiny... Don't care what people say
Just follow your own way... Don't give up, and use the chance
To return to innocence...

*Michael Cretu of Enigma, from the international hit song
Return to Innocence.*

Nu-ți fie teamă să fii vulnerabil...Nu fi prea mândru că ești puternic
Privește în inima ta prietene al meu... Aceasta va fi reîntoarcerea
    către tine
Reîntoarcerea către inocență...Dacă vrei, atunci poți incepe să râzi
Dacă trebuie, atunci începe să plângi...Fii tu, nu te ascunde
Doar crede in destin...Să nu-ți pese de ce zic oamenii
Doar urmează-ți calea ...Nu renunța și folosește șansa
Să te reîntorci la inocență...

*Michael Crețu din Enigma, versuri extrase din hit-ul
internațional Reîntoarcerea la inocență*

**Michael Cretu,
a.k.a. "Curly M.C."
(1957-: born in Bucharest);
Cretu's Enigma Project
has sold over 40 million
records worldwide.**

Michael Crețu
(1957-; născut în București);
Proiectul Enigma creat de
Crețu s-a vândut în peste
40 de milioane de exemplare
în întreaga lume.

2

ULTIMATELY, THE ONLY POWER TO WHICH A MAN SHOULD ASPIRE IS THAT WHICH HE EXERCISES OVER HIMSELF.

Elie Wiesel, writer; Nobel Peace Prize, 1986

ÎN CELE DIN URMĂ, SINGURA PUTERE LA CARE OMUL AR TREBUI SĂ ASPIRE ESTE ACEEA PE CARE O ARE ASUPRA SA.

Elie Wiesel, scriitor; Premiul Nobel pentru Pace, 1986

No matter what, one day, the sun will shine on my street.

Cerasela Feraru, engineer

Indiferent de ceea ce se va întâmpla, într-o zi va răsări soarele și pe strada mea.

Cerasela Feraru, inginer

2

Mihai Eminescu (1850-1889, born in Botosani, Romania). Romania's beloved national poet, he is featured on the Romania's biggest banknote, the 500 Lei/Ron. A crater on Mars is named after him.

Mihai Eminescu (1850-1889, născut în Botoșani), poet. Un crater pe planeta Marte a fost numit Eminescu, după numele său.

The world is the dream of our soul.

Mihai Eminescu, Romania's most well-known and influential poet who continues to have a profound impact on Romanian culture. It has been said that if Eminescu had written in English, his fame would have rivaled Shakespeare.

Lumea-i visul sufletului nostru.

Mihai Eminescu, cel mai cunoscut și influent poet român care continuă să aibă un impact profund asupra culturii românești. Se spune că dacă Eminescu ar fi vorbit sau scris în engleză, faima sa ar fi rivalizat cu cea a lui Shakespeare.

The face is the mirror of the soul.

Cultural wisdom

Chipul omului e oglinda sufletului.

Proverb popular

You have to realize that the universe is ready to help you,
if you connect with it. You just have to ask for what you want
and all of your wishes will come to you.

Madalina Burca, businesswoman

Trebuie să realizezi că universul te ajută dacă te conectezi la el.
Trebuie doar să ceri ceea ce vrei și toate dorințele vor veni spre tine.

Mădălina Burcă, femeie de afaceri

2

WE ARE ALL STARS. THE STAR THAT CRIES THE MOST, SHINES THE MOST.

*Carmen Harra, Ph.D., psychologist,
metaphysical intuitive and bestselling author*

SUNTEM CU TOȚII STELE. STEAUA CARE SUFERĂ CEL MAI MULT, STRĂLUCEȘTE CEL MAI PUTERNIC.

*Carmen Harra, parapsiholog,
și autor renumit*

Explanation separates us from astonishment, which is the only gateway to the incomprehensible.
Eugene Ionesco, playwright, dramatist

Explicația ne separă de surprindere, care reprezintă singura poartă de intrare în neînțeles.
Eugene Ionesco, autor dramatic și dramaturg

Do not let anyone or anything define who you really are.
Vasile Musca, economist

Nu lăsa pe nimeni sau nimic să definească ceea ce ești cu adevărat.
Vasile Muscă, economist

We never know the worth of water till the well is dry.
Cultural wisdom

Când seacă apa se cunoaște prețul fântânii.
Proverb popular

Fate is a canyon into which we fall only if we look too much into it.
Lucian Blaga, writer, philosopher

Soarta e o prăpastie în care cădem numai dacă privim prea mult în ea.
Lucian Blaga, scriitor, filozof

54

I UNDERSTOOD THAT A PERSON CAN HAVE EVERYTHING WITHOUT HAVING ANYTHING, AND NOTHING WHILE HAVING EVERYTHING.

Mihai Eminescu, Romania's most well-known and influential poet

AM ÎNȚELES CĂ UN OM POATE AVEA TOTUL NEAVÂND NIMIC ȘI NIMIC AVÂND TOTUL.

Mihai Eminescu, cel mai cunoscut și influent poet român

The past is the night, and the memories are like candles, which as time goes by are blown out [and forgotten].

Octavian Goga, writer, poet, politician

Trecutul este noaptea, iar amintirile, candelele care cu vremea se sting.

Octavian Goga, scriitor, poet, politician

2

When Jules Verne predicted we'd be flying through the air, we almost wanted to kill him. When Giordano Bruno predicted the Earth was round, we actually burned him, because we thought the Earth was square. So, to empower yourself, you have to raise your level of awareness, your level of perception.

Carmen Harra, Ph.D., psychologist, author

Când Jules Verne a prezis că vom zbura prin aer, aproape că am vrut să-l omorâm. Când Giordano Bruno a prezis că pământul este rotund, actualmente l-am ars, pentru că am crezut ca pământul este pătrat... așa că, să te împuternicești pe tine însuți, trebuie să îți înalți nivelul de conștiință, nivelul tău de percepție.

Carmen Harra, parapsiholog, autor

What Romanians may lack in finances they more than make up for in inspiration.

Ionica Doroftei, manufacturer

Multor români le lipsesc finanțele dar nu le lipsește inspirația.

Ionica Doroftei, confecționeră

Mihai Eminescu's Linden Tree. Eminescu was greatly inspired by this tree, which still stands in a public park in Iasi, Romania. The linden tree is thus a strong cultural symbol for Romanians.

Teiul lui Eminescu. Eminescu a fost inspirat de acest copac, care dăinuie și astăzi în unul din frumoasele parcuri din Iași. Teiul reprezintă un puternic simbol cultural.

2

Like the tears come out through your eyes, your thoughts are coming out through your lips.

Mihai Eminescu, Romania's most well-known and influential poet

Cum lacrima iese pe ochi, astfel iese gândirea pe buze.

Mihai Eminescu, cel mai cunoscut și influent poet român

To work, to grow, to create, to give of yourself; these are some of the gifts of a fulfilling life.

Edward G. Robinson, legendary Hollywood actor, during the filming of Soylent Green, his 100th movie appearance

Să muncești, să crești, să creezi, să îți împarți talentul cu cei din jur, acestea sunt câteva dintre darurile unei vieți împlinite.

Edward G. Robinson, actor legendar la Hollywood, comentând în timpul filmărilor pentru Soylent Green, cel de-al 100 film în care actorul și-a făcut apariția

2

YOU SHOULD APPRECIATE THE GOODNESS AROUND YOU, AND SURROUND YOURSELF WITH POSITIVE PEOPLE.

Nadia Comaneci, Olympic gold medalist. Named by ABC News and Ladies Home Journal in 1999 as one of the most influential women of the 20th century.

AR TREBUI SĂ APRECIEZI BUNĂTATEA DIN JURUL TĂU ȘI SĂ AI ALĂTURI NUMAI OAMENI POZITIVI.

Nadia Comăneci, campioană olimpică. A fost numită de către ABC News și Ladies Home Journal în 1999 una din cele mai importante 100 de femei ale secolului XX.

Without illusion, nothing can exist.
Emil Cioran, philosopher, essayist

Fără iluzie, nu există nimic.
Emil Cioran, filozof, eseist

2

Happiness is not a brilliant climax to years of grim struggle and anxiety. It is a long succession of little decisions simply to be happy in the moment. Happiness is an attitude of mind, born of the simple determination to be happy under all outward circumstances.
Swami Kriyananda, born J. Donald Walters; author, lecturer and composer

Fericirea nu este un punct culminant după ani de lupte aspre și neliniște, este o lungă succesiune de mici decizii simple de a fi fericit în fiecare moment. Fericirea este doar o stare a minții, născută din simpla determinare să fii fericit în ciuda tuturor împrejurărilor exterioare.
Swami Kriyananda, născut sub numele de J. Donald Walters; autor, lector și compozitor

I have not lost faith in God. I have moments of anger and protest. Sometimes I've been closer to him for that reason.
Elie Wiesel, writer; Nobel Peace Prize, 1986

Nu mi-am pierdut credința în Dumnezeu. Am momente de furie și protest. Uneori am fost mai apropiat de El din acest motiv.
Elie Wiesel, scriitor; Premiul Nobel pentru Pace, 1986

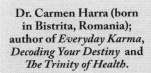

2

Dr. Carmen Harra (born in Bistrita, Romania); author of *Everyday Karma*, *Decoding Your Destiny* and *The Trinity of Health*.

Dr. Carmen Harra (născută în Bistrița); autor al cărților *Karma de Zi cu Zi*, *Decodează-ți destinul* și *Sănătate la trei niveluri*.

Our manmade laws are never good enough, they always change, they can never fix your problems. But the laws of the divine are always the same, they are eternal. When we learn and apply the eternal laws we become divine.

Carmen Harra, Ph. D., psychologist, author

Legile făcute de om nu sunt niciodată suficient de bune, întotdeauna se schimbă, ele nu pot să-ți rezolve problemele. Însă legile divinității sunt mereu aceleași, sunt eterne. Când învățăm și aplicăm legile eterne devenim divini.

Carmen Harra, parapsiholog, autor

Power is being able to have the courage to do what you love.

Anastasia Soare, Hollywood-based natural beauty expert

Puterea este capabilitatea de a avea curajul să faci ceea ce iubești.

Anastasia Soare, expert frumusețe la Hollywood

2

Anastasia Soare (born in Constanta), Golden Ratio natural beauty pioneer, based in Beverly Hills.
Anastasia Soare (născută în Constanța), folosește Proporția de Aur pentru a accentua frumusețea naturală a oricărei persoane.

We can live alone, we can share with others the silence of the world, we can enjoy the little gladnesses of life, but if we would open our eyes we could enjoy it together. As humans, we owe a smile, a hug and a kind word to the universe.

Ciprian Biter, marketing student

Putem trăi singuri, putem să împărtășim cu ceilalți tăcerea lumii, putem să ne bucurăm de micile bucurii ale vieții, dar dacă am deschide ochii ne putem bucura împreună. Suntem datori să dăruim universului un zâmbet, o îmbrățisare, o vorbă de alinare. Suntem datori să fim oameni.

Ciprian Biter, student marketing

2

I thought that it was strange to assume that it was abnormal for anyone to be forever asking questions about the nature of the universe, about what the human condition really was, my condition, what I was doing here, if there was really something to do. It seemed to me on the contrary that it was abnormal for people not to think about it, for them to allow themselves to live, as it were, unconsciously. Perhaps it's because everyone, all the others, are convinced in some unformulated, irrational way that one day everything will be made clear. Perhaps there will be a morning of grace for humanity. Perhaps there will be a morning of grace for me.

Eugene Ionesco, playwright, dramatist

Am crezut că este ciudat să asum că este anormal ca lumea să întrebe lucruri despre originea universului, despre ce este cu adevărat condiția umană, despre existența mea, ce fac aici și dacă este cu adevărat ceva de făcut. Mi s-a părut anormal ca oamenii să nu se gândească la aceste lucruri, să-și permită să trăiască ca și cum ar fi inconștienți. Poate că acest lucru se întâmplă deoarece toți oamenii cred într-o cale neformulată și irațională, care într-o zi va deveni clară. Poate că va exista o dimineață de grație pentru umanitate. Poate că va exista o dimineață de grație pentru mine.

Eugene Ionesco, autor dramatic și dramaturg

Be happy and grateful for what you have, yet always wish for more.

Lumi Trifan, teacher, entrepreneur

Fii fericit și recunoscător pentru ceea ce ai, însă întotdeauna dorește-ți mai mult.

Lumi Trifan, educatoare, antreprenor

2

> # THERE ARE MANY SIDES TO REALITY. CHOOSE THE ONE THAT'S BEST FOR YOU.
> *Eugene Ionesco, playwright, dramatist*
>
> # REALITATEA ARE MULTE ASPECTE. ALEGE-L PE CEL MAI BUN PENTRU TINE.
> *Eugene Ionesco, autor dramatic, dramaturg*

It is not the answer that enlightens, but the question.

Eugene Ionesco, playwright, dramatist

Nu este răspunsul cel care luminează, ci întrebarea.

Eugene Ionesco, autor dramatic, dramaturg

When you pray out loud, the sound of your voice can change your DNA.

Carmen Harra, Ph.D., psychologist, author

Când te rogi cu voce tare sunetul vocii tale are puterea de a-ți schimba ADN-ul.

Carmen Harra, parapsiholog, autor

2

Hermann Julius Oberth (1894-1989; born in Sibiu, Romania). A rocket science pioneer, Oberth was one of the greatest visionaries of the 20th century. His boldly original thinking led to the space age; a crater on the moon is named after him.

Hermann Julius Oberth, (1894-1989; născut în Sibiu). Deschizător de drumuri în știința rachetelor, Oberth a fost unul dintre cei mai renumiți vizionari ai secolului XX. Gândirea sa originală și curajoasă a dus la crearea epocii spațiului; un crater pe lună a fost denumit Oberth, după numele său.

There is no such thing as inborn losers. I only see people who got tired of knocking on padlock-fastened doors and one day simply decided to quit on themselves. If they were to look a bit more carefully along the corridor, they'd see quite a few other doors with light coming out from under them.

Diana-Florina Cosmin, writer

Nu cred că există ghinioniști înnăscuți, ci numai oameni care au dat de prea multe porți închise și s-au oprit din drum. Dacă s-ar uita un pic mai departe pe coridor, ar vedea că urmează și alte uși de sub care se zărește lumina.

Diana-Florina Cosmin, scriitor

2

TO MAKE AVAILABLE FOR LIFE EVERY PLACE WHERE LIFE IS POSSIBLE. TO MAKE INHABITABLE ALL WORLDS AS YET UNINHABITABLE, AND ALL LIFE PURPOSEFUL.

Hermann Julius Oberth, rocket science pioneer;
describing his ultimate goals

SĂ PUN LA DISPOZIȚIE VIEȚII ORICE LOC UNDE VIAȚA ESTE POSIBILĂ. SĂ FAC LOCUIBILE TOATE LUMILE CARE PÂNĂ ÎN PREZENT AU FOST DE NELOCUIT ȘI TOATĂ VIAȚA PLINĂ DE SEMNIFICAȚIE.

Hermann Julius Oberth, deschizător de drumuri în știința
rachetelor; descriind ultimile sale obiective

2

Mircea Eliade (1907-1986; born in Bucharest, Romania), historian of religion, fiction writer, philosopher, and renowned professor at the University of Chicago.
Mircea Eliade (1907-1986; născut în București), istoric al religiilor, filozof și scriitor român, profesor renumit la Universitatea din Chicago.

As long as you have not grasped that you have to die to grow, you are a troubled guest on the dark earth.

Mircea Eliade, historian of religion, philosopher and writer

Atâta timp cât nu ai priceput că trebuie să mori pentru a evolua, înseamnă că ești un oaspete chinuit pe acest pământ întunecat.

Mircea Eliade, istoric al religiilor, filozof și scriitor

The experience of Sacred Space makes possible the "founding of the world," where the sacred manifests itself in space, the real unveils itself, the world comes into existence.

Mircea Eliade, historian of religion, philosopher and writer

Cunoașterea Spațiului Sacru face posibilă "crearea lumii": unde sacrul se manifestă în spațiu, realul se descoperă, iar lumea ia ființă.

Mircea Eliade, istoric al religiilor, filozof și scriitor

2

IT WOULD BE FRIGHTENING TO THINK THAT IN ALL THE COSMOS, WHICH IS SO HARMONIOUS, SO COMPLETE AND EQUAL WITH ITSELF, THAT ONLY HUMAN LIFE IS HAPPENING RANDOMLY, THAT ONLY ONE'S DESTINY LACKS MEANING.

Mircea Eliade, historian of religion,
philosopher and writer

AR FI ÎNSPĂIMÂNTĂTOR SĂ CREZI CĂ DIN TOT ACEST COSMOS ATÂT DE ARMONIOS, DESĂVÂRȘIT ȘI EGAL CU SINE, NUMAI VIAȚA OMULUI SE PETRECE LA ÎNTÂMPLARE, NUMAI DESTINUL LUI N-ARE NICI UN SENS.

Mircea Eliade, istoric al religiilor, filozof și scriitor

2

In imitating the exemplary acts of a God or of a mythic hero, or simply by recounting their adventures, the man of an archaic society detaches himself from profane time and magically re-enters the Great Time, the sacred time.

Mircea Eliade, historian of religion, philosopher and writer

În imitarea faptelor exemplare ale unui Dumnezeu sau al unui erou mitic, sau doar prin simpla reamintire a aventurilor acestora, omul societății arhaice se desprinde de timpul lumesc și reintră magic în Timpul Măreț, timpul sacru.

Mircea Eliade, istoric al religiilor, filozof și scriitor

The way towards 'wisdom' or towards 'freedom' is the way towards your inner being. This is the simplest definition of metaphysics.

Mircea Eliade, historian of religion, philosopher and writer

Drumul spre "înțelepciune" sau spre "libertate" este un drum spre centrul ființei tale. Aceasta este cea mai simplă definiție care se poate da metafizicii în genere.

Mircea Eliade, istoric al religiilor, filozof și scriitor

The crises of modern man are to a large extent religious ones, insofar as they are an awakening of his awareness to an absence of meaning.

Mircea Eliade, historian of religion, philosopher and writer

Criza omului modern este în mare parte de natură religioasă, în măsura în care ea este o deșteptare a conștiinței sale la o absență a sensului.

Mircea Eliade, istoric al religiilor, filozof și scriitor

2

YOU MUST THINK HIGHLY ABOUT YOURSELF IF YOU EXPECT OTHERS TO. IT STARTS WITH YOU; IF YOU HAVE A GOOD ATTITUDE, PEOPLE WILL WANT TO MIRROR YOU.

Oana Dumitrascu, economist

TREBUIE SĂ TE ÎNCREZI ÎN TINE DACĂ TE AȘTEPȚI CA ALȚII SĂ FACĂ ACELAȘI LUCRU. TOTUL ÎNCEPE CU TINE. DACĂ AI O ATITUDINE BUNĂ, OAMENII VOR TINDE SĂ TE REFLECTE.

Oana Dumitrașcu, economist

2

Let's honor our past because, even as we run away from it, the past becomes the very engine that drives us forward.

Anca Pedvisocar, internationally exhibited artist

Trebuie să ne onorăm trecutul, pentru că, chiar dacă incercăm să fugim de el, trecutul devine tocmai motorul care ne împinge înainte.

Anca Pedvisocar, artist plastic cu expoziții pe plan internațional

Life is wonderful. Humanity is complex. This planet is extraordinary. We may either keep that or destroy it. We know so much but we still have a lot to learn. We can do anything, yet we fail, we squander, and we kill. We write poetry, we make sacrifices, we understand things, and we love.

Dan Perjovschi, visual artist

Viața e minunată, omenirea complexă, planeta extraordinară. Putem să păstrăm sau să distrugem. Știm atâtea și mai avem de cunoscut atâtea. Putem face orice. Ratăm, risipim, ucidem. Scriem poezii, ne sacrificăm, înțelegem. Iubim.

Dan Perjovschi, artist vizual

2

NEVER DENY YOUR ROOTS, FOR THEY ARE THE BRANCHES OF YOUR FUTURE.

Aura Imbarus, author

NU RENUNȚA LA RĂDĂCINILE TALE, PENTRU CĂ ELE SUNT RAMURILE VIITORULUI TĂU.

Aura Imbarus, autor

Gheorghe Zamfir, world famous pan flute musician
Gheorghe Zamfir, Maestru al Naiului de renume mondial

ART ❦ ARTĂ

I write to understand as much as to be understood.

Elie Wiesel, writer; Nobel Peace Prize, 1986

Scriu ca să înteleg la fel de mult cum scriu ca să fiu înțeles.

Elie Wiesel, scriitor; Premiul Nobel pentru Pace, 1986

One thing that we have gotten very wrong, one of our biggest illusions, is the idea that art is a segregated subject. Art removes every single boundary and allows people to come in contact with different aspects of life around them. Art is not an escape, rather an act of truthfulness and liberation. Art uplifts our emotions and reflects our way of being and who we are. In my eyes as an artist, a creator, there's no formula in art. We react to the mighty impulse force of creation and we allow our unconsciousness to surface and that is how great art is born.

Alexandra Nechita, artist, known as "The Picasso of Romania"

Un lucru pe care noi l-am înțeles foarte greșit, una din iluziile noastre cele mai mari, este ideea ca arta este un subiect separat. Arta elimină orice barieră și permite oamenilor să intre în contact cu aspecte diferite ale vieții înconjurătoare. Arta nu este o evadare, ci mai degrabă o manifestare a adevărului și a eliberării. Arta ne înalță emoțiile și reflectă felul nostru de a fi, cine suntem cu adevărat. Ca și artist, ca și creator, nu cred că există o formulă în artă. Reacționăm la impulsul grandios al forței creației, permițând subconștientului să iasă la suprafață și așa se naște o capodoperă.

Alexandra Nechita, pictor, cunoscută ca "Micuța Picasso"

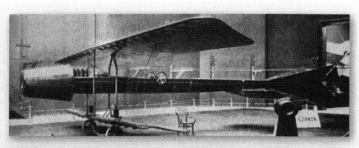

3

The Coanda-1910, world's first jet-propelled aircraft, built by aviation pioneer Henri Coanda (1886-1972; born in Bucharest, Romania). He also discovered the "Coanda Effect," which is crucial to supersonic flight. Romania's largest airport (in Bucharest) is named after him.

Coandă-1910, primul avion cu reacție din lume, construit de către Henri Coandă (1886-1972; născut în București) care de asemenea a descoperit și "Efectul Coandă," efect crucial pentru zborurile supersonice.

The airplanes we have today are no more than a perfection of a toy made of paper children play with. My opinion is we should search for a completely different flying machine, based on other flying principles. The aircraft of the future will take off vertically, fly as usual and land vertically. This flying machine should have no parts in movement; [an idea which comes] from the huge power of cyclones.

Henri Coanda, aviation pioneer, considered by many to be the father of the modern jet turbine aircraft. He also invented a flying machine which resembled a flying saucer

Avioanele pe care le avem astăzi nu sunt altceva decât perfecțiunea unei jucării făcute din hârtie cu care copiii se joacă. Opinia mea este că ar trebui să inventăm o mașină zburătoare total diferită, bazată pe alte principii de zbor. Avionul viitorului va decola vertical, va zbura normal și va ateriza vertical. Acest avion n-ar trebui să aibă părți în mișcare; [idee care vine] de la enorma putere a ciclonilor.

Henri Coandă, deschizător de drumuri în domeniul aviației, considerat de mulți ca fiind inițiatorul avionului modern cu turbina jet. A inventat un avion care seamană cu o farfurie zburătoare

3. ART & ARTĂ

A good beginning is half the battle.

Cultural wisdom

Ziua bună se cunoaște de dimineață.

Proverb popular

All I'm trying to do is to push the boarders of art more deeply into the unknown.

Constantin Brancusi, internationally renowned modernist sculptor

Tot ceea ce încerc să fac este să împing granițele artei tot mai adânc în necunoscut.

Constantin Brâncuși, renumit sculptor modernist de talie internațională

Constantin Brancusi, world renowned sculptor (1876-1957; born in Hobita, Romania). According to Wikipedia, Brancusi's worldview most valued "differentiating the essential from the ephemeral."

Constantin Brâncuși, sculptor renumit (1876-1957; născut în Hobița). Conform Wikipedia concepția sa asupra tuturor valorilor este "diferențierea esențialului de efemer."

3

Writing is not like painting where you add. It is not what you put on the canvas that the reader sees. Writing is more like a sculpture where you remove, you eliminate in order to make the work visible. Even those pages you remove somehow remain.

Elie Wiesel, writer; Nobel Peace Prize, 1986

Scrisul nu este ca pictatul unde adaugi. Nu este ceea ce poți pune pe pânză și cititorul să vadă. Scrisul este mai mult ca o sculptură unde scoți, elimini pentru a face opera vizibilă. Chiar și acele pagini scoase, cumva rămân.

Elie Wiesel, scriitor; Premiul Nobel pentru Pace, 1986

Acting and painting have much in common. You begin with the external appearance and then strip away the layers to get to the essential core. This is reality and that is how an artist achieves truth. When you are acting, you are playing a part, you are being somebody else. You are also, at the same time, being yourself.

Edward G. Robinson, legendary Hollywood actor
and art collector

Actoria și pictura au foarte multe în comun. Începi cu aparența exterioară și apoi îndepărtezi straturi pentru a ajunge la partea esențială. Aceasta este realitatea și modul în care un artist dobândește adevărul. Când joci, joci un rol, ești altcineva iar în același timp, ești tu însuți.

Edward G. Robinson, actor legendar la Hollywood
și colecționar de artă

RENAISSANCE ARTISTS REGULARLY USED THE GOLDEN SECTION IN DIVIDING THE SURFACE OF A PAINTING INTO PLEASING PROPORTIONS, JUST AS ARCHITECTS NATURALLY USED IT TO ANALYZE THE PROPORTIONS OF A BUILDING.

Matila Ghyka, mathematician and polymath, referring to the Golden Ratio (Phi or Φ, 1.618:1), the ubiquitous code which governs form, function and growth throughout the Universe

ARTIȘTII DIN PERIOADA RENAȘTERII FOLOSEAU SECȚIUNEA DE AUR, PENTRU A ÎMPĂRȚI SUPRAFAȚA PICTURII ÎN PROPORȚII ÎNCÂNTĂTOARE, AȘA CUM ARHITECȚII ÎN MOD NATURAL O FOLOSEAU PENTRU A ANALIZA PROPORȚIILE UNEI CLĂDIRI.

Matila Ghyka, matematician și polimat, referindu-se la Numărul de Aur (Phi or Φ, 1.618:1), codul omniprezent care guvernează forma, funcționarea și dezvoltarea pretutindeni în Univers

3

Edward G. Robinson
(1893-1973; born in
Bucharest, Romania).
He acted in films such
as *Little Caesar, The Ten
Commandments* and
The Cincinnati Kid.

Edward G. Robinson
(1893-1973; născut în
București). A jucat în filme
precum *Micul Cezar, Cele
zece Porunci, Copilul din
Cincinnati*, etc.

I know I'm not much on face value, but when it comes to stage value, I'll deliver for you.

*Edward G. Robinson, legendary Hollywood actor
and art collector*

Știu că nu valorez foarte mult prin felul cum arăt, dar când vine vorba de valoarea pe scenă, v-o ofer.

*Edward G. Robinson, actor legendar la Hollywood
și colecționar de artă*

You're not getting old because you've lived a certain number of years, you're getting old because you're abandoning your ideals. Years wrinkle your skin but abandoning your ideals wrinkles your soul.

George Enescu, composer, conductor, violinist, pianist

Nu devii bătrân fiindcă ai trăit un anumit număr de ani, devii bătrân fiindcă ai dezertat de la idealul tău. Anii ridează pielea, dar renunțarea la ideal ridează sufletul.

George Enescu, compozitor, dirijor, violonist, pianist

Romanian folklore is sacred, starting with the first musical note until the last one.

Gheorghe Zamfir, world famous pan flute musician

Folclorul românesc este sacru, de la prima până la ultima notă.

Gheorghe Zamfir, maestru al naiului de renume mondial

3

Gheorghe Zamfir (1941-; born in Gaesti, Romania), world famous pan flute musician who has sold over 120 million recordings. Known as "Zamfir, Master of the Pan Flute," he has contributed to many movie soundtracks, including *Once Upon A Time In America, The Karate Kid (1984)* and *Kill Bill Vol. I.*

Gheorghe Zamfir (1941-; născut în Găeşti), naist care a vândut mai mult de 120 de milioane de înregistrări. Cunoscut internaţional ca şi "Zamfir, Maestrul naiului", acesta a contribuit la crearea coloanelor sonore a multor filme renumite precum *Once Upon A Time In America, The Karate Kid (1984)* şi *Kill Bill Vol. I.*

3

**Axel Moustache (1981-;
born in Bucharest, Romania).
Nominated in 2007 for
Best Movie Actor Debut
for his role as Hans Adolf in
The Beheaded Rooster at the
Undine Awards, Austria.**

Axel Moustache (1981-; născut în
București). A fost nominalizat în
2007 „Cel mai bun actor de film
- debut" pentru rolul Hans Adolf
- „Cocoșul decapitat" la Undine
Awards, Austria.

Balance is when everything is in harmony between your desires,
accomplishments and daily life.

Axel Moustache, actor at the National Theater in Bucharest

Echilbru este atunci când există armonie între dorințe, realizări și
viața cotidiană.

Axel Moustache, actor la Teatrul Național București

I have not collected art. Art collected me. I never found paintings.
They found me. I have never even owned a work of art. They owned me.

*Edward G. Robinson, legendary Hollywood actor
and art collector*

Nu am colecționat arta. Arta m-a colecționat pe mine. Nu am găsit
niciodată picturi. Ele m-au găsit pe mine. Nu am deținut niciodată o
operă de artă. Ele m-au deținut pe mine.

*Edward G. Robinson, actor legendar la Hollywood
și colecționar de artă*

Brancusi's *Bird in Space* sculpture series are simple, abstract shapes representing a bird in flight. They are based on his earlier *Maiastra* series. In Romanian folklore, the Maiastra is a beautiful golden bird who foretells the future and cures the blind. Brancusi holds the record for highest price ever paid for a sculpture at auction. In February 2009 his *Madame L.R.* sold for €29.185 million ($37.2 million), setting a new record.

Seria *Pasărea în văzduh* sculptată de Brâncuși are o formă simplă și abstractă ce reprezintă o pasăre în zbor. Sculpturile au la bază seria precedentă de sculpturi *Măiastra*. În folclorul românesc Măiastra este o pasăre de aur care ghicește viitorul și vindecă orbii. Brâncuși deține recordul mondial pentru cea mai scumpă sculptură vândută la o licitație. Pe 23 Februarie 2009 sculptura sa *Doamna L.R.* a fost vândută pentru 29.185 milioane Euro, stabilind un nou record mondial.

3

In my heart, I've never had room for envy nor for hatred, but only happiness that I could pick anywhere and anytime. I consider that what makes us live the most is the feeling of a permanent childhood in our life.

Constantin Brancusi, internationally renowned modernist sculptor

În sufletul meu nu a fost niciodată loc pentru invidie - nici pentru ură, ci numai pentru acea bucurie, pe care o poți culege de oriunde și oricând. Consider că ceea ce ne face să trăim cu adevărat, este sentimentul permanentei noastre copilării în viață.

Constantin Brâncuși, renumit sculptor modernist de talie internațională

3

The human body is beautiful as long as it mirrors the soul.

Constantin Brancusi, internationally renowned modernist sculptor

Trupul omenesc este frumos numai în măsura în care oglindește sufletul.

Constantin Brâncuși, renumit sculptor modernist de talie internațională

To be entrusted with a character was always a big responsibility to me. To my mind, the actor has this great responsibility of playing another human being. It's like taking on another person's life and you have to do it as sincerely and honestly as you can.

Edward G. Robinson, legendary Hollywood actor and art collector

A ți se încredința un personaj a fost întotdeauna o mare răspundere pentru mine. În mintea mea, actorul are marea responsabilitate de a interpreta o altă ființă umană. Este ca și cum ai prelua viața altei persoane și trebuie să o faci pe cât de sincer și onest poți.

Edward G. Robinson, actor legendar la Hollywood și colecționar de artă

Glory does not care for us when we run after it. But when we turn our backs on it, it will run after us.

Constantin Brancusi, internationally renowned modernist sculptor

Gloriei nu-i pasă de noi când alergăm după ea. Când însă îi întoarcem spatele, ea va alerga după noi.

Constantin Brâncuși, renumit sculptor modernist de talie internațională

Real beauty is not perfection. Real beauty is proportion.
Anastasia Soare, Hollywood-based natural beauty expert

Frumusețea adevărată nu este perfecțiunea. Frumusețea adevărată se află în proporție.
Anastasia Soare, expert frumusețe cu bazele la Hollywood

3

Music is my truth.
George Enescu, composer, conductor, violinist, pianist

Muzica este adevărul meu.
George Enescu, compozitor, dirijor, violonist, pianist

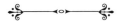

There are those idiots who define my work as abstract; yet what they call abstract is what is most realistic. What is real is not the appearance, but the idea, the essence of things.
Constantin Brancusi, internationally renowned modernist sculptor

Sunt imbecili cei care spun despre lucrările mele că ar fi abstracte; ceea ce ei numesc abstract este cel mai pur realism, deoarece realitatea nu este reprezentată de forma exterioară, ci de ideea din spatele ei, de esența lucrurilor.
Constantin Brâncuși, renumit sculptor modernist de talie internațională

3

Mathematics, and the Golden Ratio [Phi or Φ, 1.618:1] in particular, provide a rich treasure of surprises... the fascination with the Golden Ratio is not confined to just mathematicians. Biologists, artists, musicians, historians, architects, psychologists, and even mystics have pondered and debated the basis of its ubiquity and appeal. It can be said that the Golden Ratio has inspired thinkers of all disciplines like no other number in the history of mathematics.

Mario Livio, author, The Golden Ratio: The Story of Phi, The World's Most Astonishing Number

Matematica și Proporția de Aur [Phi or Φ, 1.1618:1] îndeosebi, asigură o comoară bogată de surprize...fascinația cu Proporția de Aur nu este limitată doar la matematică. Biologi, artiști, muzicieni, istorici, arhitecți, psihologi și chiar mistici au cugetat și au dezbătut bazele ubicuității și atracției. Poate fi spus că Proporția de Aur a inspirat gânditori ai tuturor ramurelor mai mult decât orice alt număr din istoria matematicii.

Mario Livio, autor al cărții The Golden Ratio: The Story of Phi, The World's Most Astonishing Number

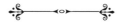

It is much easier to express ourselves in dance than to talk; sometimes there are not enough words to explain.

Alina Carmen Cojocaru, ballerina, known as The Billy Elliot of Bucharest

Este mult mai ușor să ne exprimăm prin dans decât prin cuvinte. Câteodată nu există cuvinte suficiente pentru a ne justifica.

Alina Carmen Cojocaru, balerină, cunoscută ca și Billy Elliot a Bucureștiului

A WORK OF ART IS ABOVE ALL AN ADVENTURE OF THE MIND.

Eugene Ionesco, playwright, dramatist

O OPERĂ DE ARTĂ ESTE MAI PRESUS DE TOATE O AVENTURĂ A MINȚII.

Eugene Ionesco, autor dramatic și dramaturg

3

Poetry is a sort of homecoming.

Paul Celan, poet, translator, lecturer and essayist

Poezia este un fel de întoarcere acasă.

Paul Celan, poet, translator, lector și eseist

Your face and the love from the linden tree reminds me of your eyes...

From the international #1 hit song Dragostea din tei (also known as the "Numa Numa Song") written by Dan Balan, founder of the pop group O-Zone. The Linden Tree was a profound inspiration for Mihai Eminescu (1850-1889), Romania's most famous poet

Chipul tău și dragostea din tei, mi-amintesc de ochii tăi...

Vers din cântecul ajuns numărul 1 pe plan internațional Dragostea din Tei (cunoscut și sub denumirea de "Numa Numa") scris de Dan Bălan, fondator al formației O-Zone.

3

SIMPLICITY IS COMPLEXITY RESOLVED.

Constantin Brancusi, internationally renowned modernist sculptor

SIMPLITATEA ESTE COMPLEXITATEA REZOLVATĂ.

Constantin Brâncuşi, renumit sculptor modernist de talie internaţională

I approach my subjects without haste, without prejudice and without easy, surface effects.

Constantin Popovici, sculptor, poet

Îmi abordez subiecţii fără grabă, fără prejudecată şi fără impresii degajate, de suprafaţă.

Constantin Popovici, sculptor, poet

Simplicity is not an aim; you reach it, without trying to, as you gradually approach the true meaning of things.

Constantin Brancusi, internationally renowned modernist sculptor

Simplitatea nu este un obiectiv, o atingi fără să vrei, odată cu aproprierea gradată de esenţa lucrurilor.

Constantin Brâncuşi, renumit sculptor modernist de talie internaţională

Anca Pedvisocar (born in Romania), internationally exhibited artist and poet. Recipient of the UNESCO Award at the Grand Prix International d'Art Contemporain de Monte Carlo.

Anca Pedvisocar, poet și artist plastic cu expoziții pe plan internațional. Câștigătoarea unui premiu oferit de UNESCO la Grand Prix International d'Art Contemporain la Monte Carlo.

3

Ultimately, any gift of art is meant for people and unless people receive it in their heart, it is wasted.

Anca Pedvisocar, internationally exhibited artist

În cele din urmă, orice dar al artei este menit pentru oameni și dacă aceștia nu-l primesc în inimile lor, el este pierdut.

Anca Pedvisocar, artist plastic cu expoziții pe plan internațional

**Her Invisible Groom,
painting by Anca Pedvisocar.**

Nadia Comaneci, 5-time gold medal Olympic gymnast
Nadia Comăneci, premiată de 5 ori cu medalia de aur la Campionatele de Gimnastică

PEAK PERFORMANCE, SUCCESS

PERFORMANȚE CULMINANTE, SUCCES

Knowledge is important, but good connections with other people are the salt and pepper of real success.

Flavius George Stroia, student

Cunoștințele sunt importante, dar relațiile bune cu ceilalți oameni sunt sarea și piperul pentru un succes sigur.

Flavius George Stroia, student

Courage doesn't mean the absence of fear, but the power to go forward despite it.

Vlad Doroftei, student; inspired by cultural wisdom

Curajul nu înseamnă absența fricii, ci puterea de a merge mai departe în ciuda ei.

Vlad Doroftei, student; proverb inspirat din intelepciunea populara

At the world half-marathon championships in Canada [in 2005, which Dita also won], everybody said I could not run. But I showed today what I can do. I pushed hard and wanted my gold medal. I was looking back the whole time...

Constantina Dita, 2008 Olympic gold medalist in the marathon

La campionatul mondial din Canada pentru jumătate de maraton [pe care de asemenea Diță l-a câștigat în 2005], toată lumea a spus că nu pot alerga. Dar am arătat astăzi ce pot să fac. Am tras tare și mi-am dorit medalia mea de aur. Mă uitam în urmă tot timpul...

Constantina Diță, câștigătoarea olimpică a medaliei de aur la maratonul de la Beijing

4

Constantina Dita (1970-; born in Turburea, Gorj County, Romania). 2008 Beijing Olympic gold medalist in the marathon (in 2:26:44); at 38, Constantina, a mother, is also the oldest person ever to win the Olympic marathon.

Constantina Diță (1970-; născută în Turburea, județul Gorj) este câștigătoarea olimpică a maratonului din 2008 de la Beijing (2:26:44); la 38 de ani, Constantina este cea mai în vârstă persoană care a câștigat un maraton olimpic.

I remember just before going onto the stage, I'd look in my dressing room mirror and stretch myself to my full 5'5" or 5'6"—whatever it was—to make me appear taller and to make me able to dominate all the others and to mow them down with my size.

Edward G. Robinson, legendary Hollywood actor and art collector

Îmi amintesc chiar înainte de a intra pe scenă, m-am uitat în oglinda din camera de probă și m-am înălțat la cei 1.67m sau 1.70m ai mei—sau câți erau—pentru a mă face să par mai înalt și pentru a fi capabil să-i domin pe ceilalți și să-i pun la pământ cu înălțimea mea.

Edward G. Robinson, actor legendar la Hollywood și colecționar de artă

4

Today I feel great when I walk on the street and people tell me "Thank you for what you've done." This means that my work was not in vain. This matters the most. At the world competitions I was representing Romania, so I had a responsibility and I didn't want to disappoint those waiting in front of the TV sets. When you appear there, you have a responsibility, you are not Gabriela Szabo anymore, you are Romania.

Gabriela Szabo, track and field athlete; gold medalist in the 2000 summer Olympics in Sydney

Astăzi mă simt foarte bine când merg pe stradă și lumea îmi spune "Mulțumim pentru ce ai făcut". Asta înseamnă că munca mea nu a fost în zadar. Asta e tot ce contează cel mai mult. În competiție la mondiale reprezentam România, așa că aveam o responsabilitate și nu voiam să îi dezamăgesc pe cei care așteptau, cu sufletul la gură, în fața televizoarelor. Ai o responsabilitate când apari acolo, așa că nu mai ești Gabriela Szabo ci ești România.

Gabriela Szabo, atletă, câștigătoarea medaliei de aur în anul 2000 la Jocurile Olimpice de la Sydney

**Gabriela Szabo
(1975-; born in Bistrita,
Romania). Olympic gold
medalist at 5000m in the 2000
Sydney Summer Olympics; also
a three-time world champion.**

Gabriela Szabo
(1975-; născută în Bistrița).
Campioană olimpică medaliată
cu aur la 5000m la Jocurile
Olimpice de Vară de la Sydney
2000. Szabo a fost campioană
mondială de trei ori.

4

I have never liked losing. For me, second place was like abandoning
the race. When I came second, although I had good timing, it didn't
mean anything to me because I was not the winner. Coming second
motivated me so much that the next time I was winning the race.

Gabriela Szabo, Olympic gold medalist

Nu mi-a plăcut să pierd niciodată. Pentru mine, locul al doilea era
ca și cum aș fi abandonat cursa. Chiar dacă ieșeam pe locul al doilea
dar cu un timp foarte bun, pentru mine nu însemna nimic, pentru că
nu puteam să pierd. Faptul că ieșeam pe locul al doilea mă ambiționa
atât de tare încât la a doua cursă trebuia să câștig.

Gabriela Szabo, campioană olimpică medaliată cu aur

I like to tell young people to work hard for their goals and live in the moment.

Nadia Comaneci, Olympic gold medalist

Îmi place să le spun tinerilor să muncească din greu pentru obiectivele lor și să trăiască în moment.

Nadia Comăneci, câștigătoare olimpică a medaliei de aur

Every day in training, you have to think that you are the best and that you can achieve your ambitions. Nothing is impossible.

Gheorghe Hagi, famous football (soccer) player; named Romanian football player of the century

În fiecare zi de antrenament, trebuie să gândești că tu ești cel mai bun și că îți poți atinge țelurile. Nimic nu e imposibil.

Gheorghe Hagi, jucător de fotbal; numit Jucătorul român de fotbal al secolului

Gheorghe Hagi (1965-; born in Sacele, Romania); nicknamed "The Maradona of the Carpathians."

Gheorghe Hagi (1965-; născut în Săcele). Hagi este poreclit "Maradona din Carpați."

93

Andreea Esca (1972-; born in Bucharest, Romania), nominated Romania's best news presenter 2001-03. She is a PRO TV newscaster and Editor-in-Chief of *The ONE*, Romania's leading business woman's magazine.

Andreea Esca (1972-; născută în București) a fost nominalizată ca fiind cea mai bună prezentatoare de știri în anii 2001-03. Andreea este prezentatoarea știrilor PRO TV și Redactor-șef al revistei *The ONE*.

4

I like people who are working and I don't appreciate those who laugh at other people's work, ignorant of the fact that they couldn't do it better themselves.

Andreea Esca, popular Romanian journalist and TV hostess

Îmi plac oamenii care muncesc și nu îi apreciez foarte tare pe cei care râd de munca altora neștiind dacă ei ar fi în stare să facă mai bine.

Andreea Esca, jurnalistă și prezentatoare de televiziune

My attitude is never to be satisfied, never enough, never.

Bela Karolyi, coach of nine Olympic champions, including Nadia Comeneci and Mary Lou Retton

Atitudinea mea este să nu fiu niciodată mulțumit, niciodată nu e destul, niciodată.

Bela Karolyi, antrenor pentru 9 dintre campionii olimpici, incluzând Nadia Comăneci și Mary Lou Retton

I believe that you should gravitate towards people who are doing productive and positive things with their lives.

Nadia Comaneci, Olympic gold medalist

Cred că ar trebui să gravitezi în jurul oamenilor care fac lucruri pozitive și productive cu viețile lor.

Nadia Comăneci, câștigătoare olimpică a medaliei de aur

You must always try to climb very high [in your perspective], if you want to see very far away [your future, your goals].

Constantin Brancusi, internationally renowned modernist sculptor

Trebuie să încerci necontenit să urci foarte sus, dacă vrei să poți să vezi foarte departe.

Constantin Brâncuși, renumit sculptor modernist de talie internațională

4

The Infinite Column, by Constantin Brancusi. This 96.2 foot-tall sculpture in Târgu Jiu, Romania was created as a tribute to the young Romanians who died in WW I fighting Germany. It is a stylization of the funerary pillars used in Southern Romania.

Coloana Infinitului, făcută de Constantin Brâncuși este o sculptură de 29.3 m înaltă, aflată în Târgu Jiu. A fost creată ca și tribut pentru tinerii români care au murit în Primul Război Mondial luptând împotriva Germaniei.

The Romanian people are very tough, they don't take life easy. We worked a lot harder than anybody else [in the gym]. The people around [us] use to train 3 hours a day, we use to train 6-7—but we never told them we trained 6-7, because this was our secret weapon.

Nadia Comaneci, Olympic gold medalist

Românii sunt oameni duri, ei nu iau viața ușor. Noi lucram mult mai greu decât lucrau alții [în sala de gimnastică]. Oamenii din jurul [nostru] obișnuiau să se antreneze 3 ore pe zi, noi obișnuiam să ne antrenam 6-7- dar niciodată nu am spus că ne antrenăm 6-7 ore, pentru că aceasta era arma noastră secretă.

Nadia Comăneci, câștigătoare olimpică a medaliei de aur

4

THROUGHOUT MY CAREER I SWAM FOR FORM. SPEED CAME AS A RESULT OF IT.

Johnny Weissmuller, Olympic gold medalist (swimming, water polo) and actor (the original Tarzan)

ÎN TOATĂ CARIERA MEA AM ÎNNOTAT PENTRU CONDIȚIA FIZICĂ. VITEZA A VENIT CA UN REZULTAT AL ACESTEIA.

Johnny Weissmuller, campion olimpic premiat cu aur la înnot și polo și actor (primul care a interpretat rolul lui Tarzan)

We become professionals by ourselves, by our character. To be a pro you have to be professional with yourself first. I think I became a professional gradually because I became more and more aware of the meaning of sport, of being the best and of keeping that top position. I knew what I wanted from me: if I wanted to win, I had to follow a certain program.

Gabriela Szabo, track and field athelete, gold medalist in the 2000 summer Olympics in Sydney

Noi înşine devenim profesionişti prin felul nostru de a fi. Ca să fii profesionist trebuie să fii profesionist cu tine însuţi. Cred că am devenit profesionistă treptat, pentru că am conştientizat ce înseamnă să faci sport, să fii cel mai bun şi să te menţii acolo sus. Adică am ştiut ce vreau de la mine: dacă am vrut sa câştig înseamnă că a trebuit să respect un anumit program.

Gabriela Szabo, atletă, câştigătoarea medaliei de aur în anul 2000 la Jocurile Olimpice de la Sydney

4

If I were just a bit taller and I was a little more handsome or something like that, I could have played all the roles that I have played, and many more. There is such a thing as a handicap, but you've got to be that much better as an actor. It kept me from certain roles that I might have had, but then, it kept others from playing my roles, so I don't know that it's not altogether balanced.

Edward G. Robinson, legendary Hollywood actor

Dacă aş fi fost un pic mai înalt şi aş fi fost un pic mai arătos sau ceva de genul ăsta, aş fi putut juca toate rolurile pe care le-am jucat şi multe altele. Este ca şi un handicap, dar trebuie să fii mult mai bun ca actor. Acest lucru m-a privat de anumite roluri pe care aş fi putut să le am, dar i-a privat şi pe alţii să joace rolurile mele, aşa că nu ştiu dacă toate adunate nu se echilibrează.

Edward G. Robinson, actor legendar la Hollywood

Nadia Comaneci (1961-; born in Onesti, Romania). 5-time gold medal Olympic gymnast (1976-80 Olympics) and the first gymnast to be awarded a perfect score of 10.

Nadia Comăneci (1961-; născută în Onești). A fost premiată cu aur de 5 ori la Jocurile Olimpice (1976-80) și a fost prima gimnastă care a luat nota maximă 10.

4

I don't run away from a challenge because I am afraid. Instead, I run toward it because the only way to escape fear is to trample it beneath your feet.

Nadia Comaneci, Olympic gold medalist

Nu fug de o provocare pentru că îmi este frică. În schimb, fug spre ea pentru că singura cale de a-ți învinge teama este să o calci în picioare.

Nadia Comăneci, câștigătoare olimpică a medaliei de aur

Prediction empowers the mind. If you can predict you can prevent.

Carmen Harra, Ph.D., psychologist, author

Prezicerea împuternicește gândirea. Dacă poți prezice poți preveni.

Carmen Harra, parapsiholog, autor

As for a training method being perfect, I would say there is no such thing. There are too many other factors to run the perfect race to just [rely on one's] training. It is exercise physiology that will make a huge difference in an athlete's training strategy and racing tactics. It will help to individualize the training and tailor it to the athlete's capabilities.

Valeriu Tomescu, coach of Olympic gold medalist Constantina Dita

În ceea ce priveşte o metodă de antrenare perfectă, aş putea spune că nu există aşa ceva. Există mulţi alţi factori pentru a alerga cursa perfectă pentru a te baza doar pe un singur tip de antrenament. Este fiziologia atletului care va face o mare diferenţă în strategiile de antrenare şi tacticile de alergare. Acest lucru ajută la individualizarea antrenamentului şi la adaptarea la capacităţile pe care atletul le are.

Valeriu Tomescu, antrenor al campioanei olimpice premiate cu aur

4

Valeriu Tomescu with Constantina Dita. Valeriu coached 2008 Olympic gold-medal marathoner Constantin Dita; he also set a record by being the youngest (32 years old) coach of an Olympic women's marathon winner.

Valeriu Tomescu împreună cu Constantina Diţă. Valeriu a antrenat Campioana Olimpică Constantina Diţă care a câştigat Maratonul din 2008. El a înregistrat un record mondial fiind delarat cel mai tânăr (32 de ani) antrenor al unei campioane olimpice la maraton.

My basic idea is always to try the impossible. I want to discover things that nobody did before. That's why I consider myself an alchemist in music. This is the fuel I need for my engine to be each time so motivated, so enthusiastic, like it's the first time when I'm doing something.

Michael Cretu, musician, founder of Enigma

Ideea mea de bază este ca întotdeauna să încerc imposibilul. Vreau să descopăr lucruri pe care nimeni nu le-a mai facut înainte. De aceea mă consider un alchimist în muzică. Acesta este stimulentul de care am nevoie pentru a fi mereu atât de motivat, atât de entuziast, ca și cum ar fi prima dată când fac ceva.

Michael Crețu, musician, fondator al grupului Enigma

I became really obsessed with the eyebrow, because nobody [in America] thought that it was important. Taking all the knowledge I learned from Leonardo Da Vinci and Leonardo Fibonacci, I was able to accentuate the perfect proportion of beauty in anybody's face.

Anastasia Soare, Hollywood-based natural beauty expert who discovered how to apply the Golden Ratio to accentuate the beauty in anyone's face

Am devenit cu adevărat obsedată cu sprâncenele, pentru că nimeni [în America] nu a crezut că era important. Luând toate cunoștințele pe care le-am învățat de la Leonardo Da Vinci și Leonardo Fibonacci, am fost în măsură să accentuez proporția perfectă a sprâncenelor pe fața fiecărei persoane.

Anastasia Soare, expert de frumusețe la Hollywood care a descoperit cum să aplice Proporția de Aur pentru a accentua frumusețea pe fața fiecărei persoane

4

Little and frequent breaks, the key for big successes.

Ionut Nastasa, student

Pauzele mici și dese, cheia marilor succese.

Ionuț Năstasă, student

Everyone has to know—and listen to—their own body. If you push too hard for too long, you'll get sick or injured; if too soft, you don't reach your full potential. Test your limits to find your own system of training. To get best results, you must listen to yourself and be your own coach first.

Anatolie Vartosu, Master of Sports, teacher, coach

Fiecare trebuie să-și știe și să asculte de propriul corp. Dacă faci prea mult efort pentru un timp îndelungat te vei îmbolnăvi sau accidenta, dacă faci prea puțin efort nu-ți vei atinge potențialul maxim. Încearcă-ți limitele pentru a determina propriul mod de antrenare. Pentru a obține rezultatele cele mai bune, trebuie să te asculți pe tine însuți și trebuie să fii propriul tău antrenor la început.

Anatolie Vârtosu, profesor și antrenor de sport

101

Arc de Triomphe in Bucharest (90 feet tall)
Arcul de Triumf, București (27 metri înalt)

LEADERSHIP, BUSINESS & CONDUCERE, AFACERI

Things are not hard to do. Hard is to put yourself in the position to do them.

Constantin Brancusi, world renowned modernist sculptor

Lucrurile nu sunt greu de făcut. Greu este să te pui în poziția de a le face.

Constantin Brâncuși, sculptor modernist de talie mondială

Leadership is an opportunity to serve. It is not a trumpet call to self-importance.

Swami Kriyananda, born J. Donald Walters; author, lecturer and composer

Conducerea este o oportunitate de a munci pentru ceilalți, nu este un motiv pentru aroganță.

Swami Kriyananda, born J. Donald Walters; autor, lector și compozitor

You cannot leave your life just to the wind. You have to know what you want in order to have it.

Ancuta Craescu, accountant

Nu-ți poți lăsa viața în vânt. Trebuie să știi ce vrei în scopul de a avea.

Ancuța Crăescu, contabilă

Goal setting has traditionally been based on past performance. This practice has tended to perpetuate the sins of the past.

Dr. Joseph M. Juran, quality management pioneer; popularized the broad application of the Pareto Principle or 80/20 Rule

Fixarea obiectivelor s-a bazat de obicei pe performanțele trecute. Acest obicei tinde să perpetueze greșelile din trecut.

Dr. Joseph M. Juran, deschizător de drumuri în managementului calității, care a popularizat vasta aplicare a Principiului Pareto – de asemenea cunoscut ca regula 80/20

Money in the hand is no lie.

Alex Samoilescu, IT professional; inspired by cultural wisdom

Ce ai in mână nu-i minciună.

Alex Samoilescu, expert IT; proverb inspirat din intelepciunea populara

A crisis always makes some people rich. It makes rich those who have money and, unfortunately, it impoverishes those poorer.

Ion Tiriac, former international tennis champion and manager/ mentor of former tennis world #1's Guillermo Vilas, Boris Becker and Steffi Graf; modern-day financier and philanthropist

Criza îi face bogați pe cei cu bani și îi sărăcește pe cei săraci.

Ion Țiriac, fost campion internațional de tenis și manager/mentor al foștilor campioni mondiali Guillermo Vilas, Boris Becker și Steffi Graf; bancher și filantrop

THE CLEARER YOU ARE ABOUT WHO YOU ARE AND WHAT YOU WANT, THE MORE LIKELY YOU ARE TO GET IT.

Ioana Maria Samoilescu, businesswoman

CU CÂT EȘTI MAI SIGUR DE CEEA CE VREI ȘI DE CINE EȘTI, CU ATÂT MAI MULT VEI OBȚINE CEEA CE-ȚI DOREȘTI.

Maria Ioana Samoilescu, femeie de afaceri

5

(L) Ilie Nastase, former World #1 tennis player (1946-; born in Bucharest, Romania); (R) Ion Tiriac, tennis champion/future financier (1939; born in Brasov, Romania); circa 1970.

(S) Ilie Năstase, fost campion mondial la tenis (1946-; născut în București) și (D) Ion Țiriac, campion la tenis/viitor bancher (1939-; născut în Brașov). Poză făcută în anii '70.

My ambition is to do a good job. I never plan anything.

Ilie Nastase, former World #1 tennis player

Ambiția mea este să fac treabă bună. Niciodată nu plănuiesc nimic.

Ilie Năstase, fost campion mondial de tenis

**Anatolie Vartosu
(1966-; born in Moldova),
Olympic marathon qualifier
for Romania; shown here
winning the inaugural
Little Rock, Arkansas
Marathon (2003).**

Anatolie Vârtosu
(1966-; născut în Moldova),
calificat pentru România
la maratonul olimpic; în
poza alăturată caştigând
maratonul din Little Rock,
Arkansas SUA (2003).

To be a good teacher, you must first be a teacher inside,
you must connect your heart with the heart of your students.

Anatolie Vartosu, Master of Sports, teacher and coach

Pentru a fi un profesor bun trebuie mai întâi să fii profesor în
interior, trebuie să-ţi uneşti inima cu cea a studentului.

Anatolie Vârtosu, profesor şi antrenor de sport

Most of the time, men don't realize how strongly the way that their
woman looks and behaves represents them. The more beautiful and
poised his woman is, the more "shares" he has in the market.

Catalin Botezatu, top Romanian fashion designer

De cele mai multe ori, bărbaţii nu realizează cât de important este
modul in care femeia de lângă ei arată şi se poartă, îi reprezintă. Cu
cât femeia e mai frumoasă şi cu atitudine, cu atât mai multe "acţiuni"
bărbatul are pe piaţă.

Cătălin Botezatu, creator de modă

5

I often don't need a contract. When I meet somebody face-to-face
and judge him or her to be honest and dependable, then a statement
such as 'I give you my word' is far more important to me than
something put down on paper.

Marcel Avram, manager and promoter of Michael Jackson,
Pink Floyd, Madonna, etc.

De cele mai multe ori nu am nevoie de un contract. Când întâlnesc
pe cineva față în față și consider că este onest și demn de încredere,
o afirmație precum 'îmi dau cuvântul' este mult mai importantă pentru
mine decât ceva scris pe hârtie.

Marcel Avram, manager și promoter pentru Michael Jackson,
Pink Floyd, Madonna, etc.

When you've got things to lose, you're scared; [as Romanians]
we can afford being fearless because we barely have anything to lose.
On the other hand, since we don't have much to lose, we could do
things that no one did before. We can change the world around us,
as well as the one in our head.

Dan Perjovschi, visual artist

Când ai ceva de pierdut îți este frică. Noi românii putem fi fără
frică pentru că n-avem multe de pierdut. Pe de altă parte, pentru că
nu avem, putem face lucruri nemaifăcute. Putem să ne schimbăm
lumea și din jur și din cap.

Dan Perjovschi, artist vizual

QUALITY AND BEAUTY, TWO WORDS I ENJOY IN MY WORK. I LIKE THE SATISFACTION OF A JOB WELL DONE, SO MY PHILOSOPHY IS QUALITY OR NOTHING.

Adrian Pana, builder

5

CALITATEA ȘI FRUMUSEȚEA SUNT DOUĂ CUVINTE DE CARE MĂ BUCUR ÎN MUNCA MEA. ÎMI PLACE SATISFACȚIA LUCRULUI BINE FĂCUT, IAR FILOZOFIA MEA ESTE—CALITATE SAU NIMIC.

Adrian Pană, constructor

Romanian children dressed in traditional clothing
Copii îmbrăcați în haine tradiționale românești

FAMILY, CHILDREN

&

FAMILIE, COPII

To have a friend is more important than to have an angel.

Nichita Stanescu, poet, essayist

A avea un prieten e mai vital decât a avea un înger.

Nichita Stănescu, poet, eseist

Kids don't have the right to suffer.

Ion Tiriac, financier and philantropist, referring to the orphanage villages he's built in Romania

Copiii nu au dreptul să sufere.

Ion Țiriac, bancher și filantrop, făcând referire la orfelinatele pe care le-a construit în România

I AM FAR FROM BEING AN EXPERT WITH THE CHILDREN. I AM LEARNING ALSO. I AM LEARNING FROM THEM AS MUCH AS THEY ARE LEARNING FROM ME, BUT THEY DON'T REALIZE THIS.

Gheorghe Dumitru Muresan, former NBA player, referring to the children he trains at his Giant Basketball Academy in Potomac, Maryland

SUNT DEPARTE DE A FI UN EXPERT CU COPIII. ȘI EU ÎNVĂȚ LA RÂNDUL MEU. EU ÎNVĂȚ DE LA EI LA FEL DE MULTE CÂT ÎNVAȚĂ EI DE LA MINE, DAR EI NU-ȘI DAU SEAMA DE ASTA.

Gheorghe Dumitru Mureșan, fost jucător NBA, referindu-se la copiii pe care îi antrenează la Giant Basketball Academy din Potomac, Maryland SUA

6

The only pressure you have when you're a kid is that you want to do good. When you're a kid, you don't know about pressure. What is pressure, anyway?

Nadia Comaneci, Olympic gold medalist, the first person to be awarded a perfect 10 in gymnastics

Singura grijă pe care o ai atunci când ești copil este că vrei să fii bun. Când ești copil, nu știi de griji. Ce sunt grijile, oricum?

Nadia Comăneci, câștigătoare olimpică a medaliei de aur, prima persoană care a obținut 10 în gimnastică

Everything started with my first school athletic cross. Because I have a huge respect for my parents, I asked for their permission to embrace sports. And my chance was my father, who was the first to arrive home. He saw my diploma, he saw that I won, he pondered for a little while and then he said "Yes, go for it." In the meanwhile, my mother was a little bit more reluctant: her only daughter to do sports... Now she is proud, of course.

Gabriela Szabo, track and field athlete; gold medalist in the 2000 summer Olympics in Sydney

Totul a început cu primul meu cros școlar. Pentru că am un respect deosebit pentru părinți, i-am întrebat mai întâi pe ei dacă vor să mă lase să fac sport. Norocul a facut ca tata să vină primul acasă. A văzut diploma, a văzut că am câștigat, a stat pe gânduri vreo două minute și apoi mi-a spus "da, du-te". Pe când mama a fost puțin mai reticentă: singura ei fată să meargă să facă sport... Acum este mândră, bineînțeles.

Gabriela Szabo, atletă; câștigătoarea medaliei de aur în anul 2000 la Jocurile Olimpice de la Sydney

6

113

My concept was to make the athlete strong, make them a sturdy athlete. Then they can handle high difficulty stunts... [my training included] a lot of natural exercises—running, climbing, jumping, and that made the kids enjoying more the everyday workout.

Bela Karolyi, coach of nine Olympic champions, including Nadia Comăneci and Mary Lou Retton

Conceptul meu era să fac atletul puternic, să-i fac atleți viguroși. Doar atunci ei vor putea face față situațiilor dificile ...[antrenamentul meu includea] multe exerciții normale - alergatul, cățăratul, săritul și asta i-a făcut pe copiii să le placă mai mult sesiunea de exerciții zilnice.

Béla Károlyi, antrenor pentru 9 dintre campionii olimpici, incluzând Nadia Comăneci și Mary Lou Retton

Childhood is the world of miracles, of magic: it is as if creation rose luminously out of the night, all new and fresh and astonishing. Childhood is over the moment things are no longer astonishing. When the world gives you a feeling of "déjà vu," when you are used to existence, you become an adult.

Eugene Ionesco, playwright, dramatist

Copilăria este o lume de miracole și de uimire a creației scăldate in lumină, ieșind din întuneric, nespus de nouă și proaspătă și uluitoare. Copilăria se termină când lucrurile nu mai par uluitoare. Când lumea îți dă un sentiment de déjà vu, când ești obișnuit cu existența, devii adult.

Eugene Ionesco, autor dramatic, dramaturg

The brightest light, the light of Italy, the purest sky of Scandinavia in the month of June is only a half-light when one compares it to the light of childhood. Even the nights were blue.

Eugene Ionesco, playwright, dramatist

Cea mai strălucitoare stea, lumina Italiei, cerul senin al Scandinaviei în luna Iunie sunt doar penumbre când cineva le compară cu lumina copilăriei. Chiar și nopțile erau albastre.

Eugene Ionesco, autor dramatic, dramaturg

**Madalina Burca
(1986-; born in Bacau, Romania)
is a former model who now
works for Hewlett-Packard.**

Mădălina Burcă
(1986-; născută în Bacău),
model, în prezent lucrând pentru
Hewlett-Packard.

6

In a family, the most important thing is to simply get along.

Madalina Burca, businesswoman

Într-o familie cel mai important lucru este înțelegerea.

Mădălina Burcă, femeie de afaceri

We considered you to be more than a teacher, we considered you as being our father. A father that helped us in any situation good or bad, who was close to us every day, who sacrificed his life for us. We hope that you'll hug our letters and you'll feel that we are close to you always.

Sorin, age 13; child from a Romanian orphanage, in a letter to Anatolie Vartosu, his teacher at SOS Children's Village in Bucharest, Romania (SOS is the world's largest orphan charity)

Toți te-am considerat a fi mai mult decât un pedagog, te-am considerat ca fiind tatăl nostru. Un tată care ne-a ajutat la bine și la rău în orice situație, care a fost aproape de noi în fiecare zi, care și-a sacrificat viața pentru noi. Sperăm să strângi la piept scrisorile noastre și să simți că noi suntem aproape de tine în fiecare situație.

Sorin, 13 ani; copil aflat într-un orfelinat din România, într-o scrisoare către Anatolie Vârtosu, pedagog în SOS Satele Copiilor, București (SOS este cea mai mare organizație caritabilă pentru orfani)

I'm leaving you an old toy of mine to remind you of me, an old tractor, a very old one. Maybe you'll keep it on the shelf and when you have a childlike mind, you'll play with it.

Ionut, age 11; child from a Romanian orphanage in a letter to Anatolie Vârtosu, his teacher at SOS Children's Village, Bucharest, Romania (SOS is the world's largest orphan charity)

Eu iți las amintire o fostă jucărie de a mea, un tractor de pe timpuri, unul vechi. Poate îl pui în vitrină sau dacă dai în mintea copiilor, te vei juca cu el.

Ionuț, 11 ani; copil aflat într-un orfelinat din România, într-o scrisoare către Anatolie Vârtosu, pedagog în SOS Satele Copiilor, București (SOS este cea mai mare organizație caritabilă pentru orfani)

116

Our educational system is like an automobile which has strong rear lights, brightly illuminating the past. But looking forward things are barely discernible.

Hermann Julius Oberth, rocket science pioneer

Sistemul nostru educațional este ca un automobil care are luminile din spate foarte puternice, iluminând intens trecutul, însă uitându-ne înainte lucrurile de abia pot fi deslușite.

Hermann Julius Oberth, deschizător de drumuri în știința rachetelor

My grandparents taught me to be ashamed of uttering the word "unhappiness" and to reject the idea of "bad fortune." To their very last day, they maintained an appetite for savoring every second of peace and each trifling moment of joy that the cynics of our times would probably find unworthy wasting a smile on.

Diana-Florina Cosmin, writer

Bunicii mei m-au învățat să-mi fie rușine de cuvântul „nefericire" și să resping ideea diformă de „neșansă". Până în ultima clipă de viață și-au savurat gurmand fiecare clipă de liniște și fiecare pretext de bucurie, unele atât de mărunte încât noi am trece pe lângă ele fără să ne mai obosim măcar să întoarcem capul.

Diana-Florina Cosmin, scriitor

6

Diana-Florina Cosmin (born in Bucharest, Romania). **Editor-in-Chief of the monthly magazine *Forbes Life*, published by *Forbes Romania*, and freelance columnist for *Cosmopolitan Romania*.**

Diana-Florina Cosmin (născută în București). Redactor-Șef al revistei lunare *Forbes Life*, publicată de *Forbes România* și jurnalist freelancer pentru *Cosmopolitan România*.

The Kiss, sculpture by world-renowned artist Constantin Brancusi
Sărutul, sculptură aparținând celebrului artist Constantin Brâncuși

LOVE

&

DRAGOSTE

I don't want to justify my love, I want to live it.

Crina Matei, actress

Nu vreau să-mi justific dragostea, vreau să o trăiesc.

Crina Matei, actriță

Who loves and is loved will never be the same person as before.

Octavian Paler, writer, journalist, politician

Cine iubește și este iubit nu va mai fi niciodată același om
ca înainte.

Octavian Paler, scriitor, jurnalist, politician

7

Lovers are pedestrians of the air.

Nichita Stanescu, poet, essayist

Îndrăgostiții sunt pietoni ai aerului.

Nichita Stănescu, poet, eseist

**Octavian Paler
(1926-2007; born in Lisa,
Romania). Prolific author,
journalist and politician.**

Octavian Paler
(1926-2007; născut
în Lisa, Brașov).
Autor prolific, jurnalist
și politician.

I learned to love, to be loved.

Octavian Paler, writer

Am învățat să iubesc, ca să fiu iubit.

Octavian Paler, scriitor

Love is not a negotiation: I love you because you love me.
Love is a certainty: I love you because I love you.

Liviu Rebreanu, novelist, journalist

Iubirea nu este un târg: te iubesc pentru că mă iubești. Iubirea este o
certitudine: te iubesc pentru că te iubesc.

Liviu Rebreanu, romancier, jurnalist

Love is the answer to all our problems.
Bianca Marinescu, medical student

Dragostea este răspunsul tuturor problemelor noastre.
Bianca Marinescu, studentă medicină

When you give up the search for the right person, then they appear.
Alexandra Sofragiu, student

Când încetezi să cauți persoana potrivită, atunci apare.
Alexandra Sofragiu, student

Friendship marks a life even more deeply than love. Love risks degenerating into obsession, friendship is never anything but sharing.
Elie Wiesel, writer; Nobel Peace Prize, 1986

Prietenia marchează viața mai adânc decât dragostea. Dragostea riscă să degenereze în obsesie, prietenia nu este niciodată altceva decât a împărți.
Elie Wiesel, scriitor; Premiul Nobel pentru Pace, 1986

7

THE OPPOSITE OF LOVE IS NOT HATE, IT'S INDIFFERENCE. THE OPPOSITE OF ART IS NOT UGLINESS, IT'S INDIFFERENCE. THE OPPOSITE OF FAITH IS NOT HERESY, IT'S INDIFFERENCE. AND THE OPPOSITE OF LIFE IS NOT DEATH, IT'S INDIFFERENCE.

Elie Wiesel, writer; Nobel Peace Prize, 1986

OPUS DRAGOSTEI NU ESTE URA, CI INDIFERENȚA. OPUS ARTEI NU ESTE URÂȚENIA, ESTE INDIFERENȚA. OPUS CREDINȚEI NU ESTE EREZIA, ESTE INDIFERENȚA ȘI OPUS VIEȚII NU ESTE MOARTEA, CI INDIFERENȚA.

Elie Wiesel, scriitor; Premiul Nobel pentru Pace, 1986

7

There are realities we all share, regardless of our nationality, language, or individual tastes. As we need food, so do we need emotional nourishment: love, kindness, appreciation, and support from others. We need to understand our environment and our relationship to it. We need to fulfill certain inner hungers: the need for happiness, for peace of mind, for wisdom.

Swami Kriyananda, born J. Donald Walters;
prolific author, lecturer and composer

Există realități pe care toți le împărțim, indiferent de naționalitate, limbă, sau gusturile fiecăruia. Așa cum avem nevoie de mâncare, la fel avem nevoie de hrană emoțională: dragoste, bunătate, apreciere și suportul celorlalți. Trebuie să înțelegem ambianța și relația cu aceasta. Trebuie să ne satisfacem nevoile interioare: nevoia de fericire, de pace sufletească, de înțelepciune.

Swami Kriyananda, born J. Donald Walters,
autor, lector și compositor

Swami Kriyananda (1926-; born in Teleajen, Romania). Author of 80+ books and composer of 400+ songs, Kriyananda is a direct disciple of Self-Realization Fellowship founder Paramahansa Yogananda, author of *Autobiography of a Yogi.*

Swami Kriyananda (1926-; născut în Teleajen). Autor a peste 80 de cărți și compozitor a peste 400 de cântece, Kriyananda este discipol în Corporația de auto-realizare a lui Paramahansa Yogananda, autor *Autobiography of a Yogi.*

7

IN LOVE, NO CERTAINTY IS ULTIMATE. THAT ELEMENTARY THING— THE FEELING THAT YOU ARE LOVED—MUST BE CERTIFIED AGAIN AND AGAIN, BECAUSE ONE DOUBT, ONE MISTAKE RAZES EVERYTHING TO MADNESS AND ECSTASY.

Mircea Eliade, historian of religion, philosopher and writer

ÎN DRAGOSTE NICI O CERTITUDINE NU E DEFINITIVĂ. LUCRUL ACELA ELEMENTAR - SENTIMENTUL CĂ EȘTI IUBIT - TREBUIE NECONTENIT VERIFICAT, CĂCI O SINGURĂ ÎNDOIALĂ, O SINGURĂ GREȘEALĂ SURPĂ TOTUL ÎN NEBUNIE ȘI EXTAZ.

Mircea Eliade, istoric al religiilor, filozof și scriitor

7

Princess Martha Bibescu (1886-1973; born in Bucharest, Romania), was an aristocrat and popular writer whose circle of friends included Winston Churchill and Charles de Gaulle. Famed French novelist Marcel Proust wrote of her: 'You are not only a splendid writer, Princess, but a sculptor of words, a musician, a purveyor of scents, a poet.' Portrait by Italian painter Giovanni Boldini.

Prinţesa Martha Bibescu (1886-1973; născută în Bucureşti), romancieră, poetă şi om politic a cărei anturaj de prieteni a inclus pe Winston Churchill şi Charles de Gaulle. Renumitul romancier francez Marcel Proust a scris despre Martha: "Prinţesă, nu eşti doar o scriitoare splendidă, ci un sculptor al cuvintelor, un muzician, un furnizor al simţurilor, un poet". Portret realizat de pictorul italian Giovanni Boldini.

All unhappy women are lyrical poets, even those who don't write verses.

Princess Martha Bibescu, aristocrat and writer

Toate femeile nefericite sunt poete lirice, chiar şi acelea care nu scriu versuri.

Prinţesa Martha Bibescu, romancieră, poetă şi om politic

Love is the only resource that increases as you spend it.

Ruxandra Cernat, filmmaker

Dragostea este singura resursă care se înmulţeşte pe măsură ce o consumi.

Ruxandra Cernat, producător de film

Constantina Dita-Tomescu, Olympic gold medalist in the marathon (2008, Beijing)
Constantina Diță-Tomescu, câștigătoarea olimpică a maratonului din 2008 de la Beijing

HEALTH

SĂNĂTATE

Sanatate *[pronounced Sana-tah-tay]:* Good health to you.
A traditional Romanian parting salutation, virtually identical to the ancient Pythagoreans' "Health to You"

Sănătate.
O salutare românească tradițională spusă la plecare, în principiu identică cu cea a lui Pitagora "Sănătate ție"

The lack of communion with divinity is what makes us fall ill.
Adrian Berinde, singer, painter, writer

Lipsa de rezonanță cu Divinitatea ne face să fim bolnavi.
Adrian Berinde, cântăreț, pictor, scriitor

If the sun doesn't come through the window, the doctor will come through the door.
Andreea Filoti, economist; inspired by cultural wisdom

Unde nu intră soarele pe geam, intră doctorul pe ușă.
Andreea Filoti, economist; proverb inspirat din intelepciunea populara

8

If you have your health, you have everything.

Cultural wisdom

Dacă ai sănătate le ai pe toate.

Proverb popular

The breath is a powerful tool. It creates a bridge between the subconscious and conscious mind, and connects the mind and the body. When you sit and breathe deeply, your physiology will change, and both your mind and your body will relax and become open. Breathing helps clear your head of the thoughts, of the emotions and ego, and it allows you to get closer to your true self.

Carmen Harra, Ph.D., psychologist, bestselling author

Respirația este o unealtă puternică. Crează o legătură între subconștientul și conștientul minții, conectează mintea și corpul. Când stai și respiri adânc, fiziologia se va schimba și amândouă, mintea și corpul se vor relaxa și vor deveni deschise. Respirația ajută la limpezirea, curățirea minții de gânduri, de emoții, de eul propriu și îți permite să devii mai apropiat de adevărata ta individualitate.

Carmen Harra, parapsiholog, autor

A glass of lemon water in the morning restores body and soul.

Andreea Samoilescu, entrepreneur

Un pahar de apă cu lămâie dimineața restaurează corpul și sufletul.

Andreea Samoilescu, antreprenor

8

HEALTH IS GOLD. TRUE HEALTH IS A LIFESTYLE; YOU CANNOT JUST GO AND BUY IT. IF YOU ARE CAREFUL WITH YOUR HEALTH IN YOUR YOUTH, YOU'LL ENJOY IT EVEN MORE IN YOUR ELDER YEARS.

Anatolie Vartosu, Master of Sports, teacher and coach

SĂNĂTATEA E DE AUR. SĂNĂTATEA ADEVĂRATĂ ESTE UN STIL DE VIAȚĂ, NU O POȚI CUMPĂRA. DACĂ AI GRIJĂ DE SĂNĂTATEA TA ÎN TINEREȚE, TE POȚI BUCURA MULT MAI MULT DE EA LA BĂTRÂNEȚE.

Anatolie Vârtosu, profesor și antrenor de sport

8

Humorous poster from Iasi, Romania
Poster nostim în Iași

HUMOR

UMOR

I know that I am a fool, but when I look around at others
I cheer up.

Ion Creanga, Romanian writer, storyteller and memoirist

Ştiu că sunt prost, dar când mă uit în jur prind curaj.

Ion Creangă, scriitor român, nuvelist şi memorialist

Work never killed anyone, but why should I risk it?

Vlad Doroftei, student; inspired by cultural wisdom

Munca nu a omorât niciodată pe nimeni, dar de ce să risc?

Vlad Doroftei, student; proverb inspirat din intelepciunea populara

9

Alex Samoilescu
(1974-; born in Timişoara,
Romania). He is the founder
of InterDX.com, a photographer
and snowboarder.

Alex Samoilescu
(1974-; născut în Timişoara).
El este fondatorul companiei
InterDX.com, fotograf și
snowboarder.

Had he kept silent he would have passed for a wise man.
Alex Samoilescu, IT professional; inspired by cultural wisdom

Dacă tăceai filozof rămâneai.
Alex Samoilescu, expert IT; proverb inspirat din intelepciunea populara

Smart you can seem to be without really being, but if you are not
an authentic fool, you'll give yourself away every time.
Octavian Paler, writer, journalist, politician

Deştept poţi să pari fără să fii, dar dacă nu eşti un prost autentic,
te dai de gol.
Octavian Paler, scriitor, jurnalist, politician

9

IT'S BETTER TO SAY NOTHING AND TO BE CONSIDERED A FOOL THAN TO SPEAK AND TO CONFIRM THAT YOU REALLY ARE.

Vlad Doroftei, student; inspired by cultural wisdom

E MAI BINE SĂ TACI ȘI SĂ FII LUAT DE PROST DECÂT SĂ VORBEȘTI ȘI SĂ CONFIRMI CĂ EȘTI CU ADEVĂRAT.

Vlad Doroftei, student; proverb inspirat din intelepciunea populara

9

Defend me Lord from my friends, because from enemies I can defend myself.

Alex Samoilescu, IT professional; inspired by cultural wisdom

Fereşte-mă Doamne de prieteni, că de duşmani mă apăr singur.

Alex Samoilescu, expert IT; proverb inspirat din intelepciunea populara

Dracula Dog (birthday unknown; born in the heart of Transylvania). He is the friendly guardian of Dracula's Castle in Bran, Romania.

Cățelul Dracula (ziua de naştere: necunoscută; născut în inima Transilvaniei). El este protectorul Castelului lui Dracula (Bran).

Do not worry about what people are thinking, as it doesn't happen very often!

Vlad Doroftei, student

Nu te îngrijora de ceea ce gândesc oamenii, nu se întâmplă lucrul acesta prea des!

Vlad Doroftei, student

9

What you can do today don't leave for tomorrow, leave it for the next day, because maybe by then it won't have to be done!

Ionica Doroftei, manufacturer; inspired by cultural wisdom

Ce poți face azi nu lăsa pe mâine, las-o pe poimâine, pentru că poate atunci nu mai trebuie făcut.

Ionica Doroftei, confecționeră; proverb inspirat din intelepciunea populara

DON'T WORK SO HARD THAT YOU FORGET TO MAKE MONEY.

Valeria Iminovici, successful small business owner

NU MUNCI ATÂT DE GREU ÎNCÂT SĂ UIȚI SĂ FACI BANI.

Valeria Iminovici, deținătoarea unei mici afaceri de succes

9

We live in Romania and this is what takes all of our time.

Mircea Badea, television personality

Trăim în România și asta ne ocupă tot timpul.

Mircea Badea, prezentator de televiziune

The sitting around on the set is awful. But I always figure that's what they pay me for. The acting I do for free.

Edward G. Robinson, legendary Hollywood actor

Statul degeaba la filmări este îngrozitor. Dar întotdeauna îmi imaginez că pentru asta mă plătesc. Actoria o fac pe gratis.

Edward G. Robinson, actor legendar la Hollywood

A kick in the rear is also a kick forward.

Mihai Anton, builder

Un șut în fund, un pas înainte.

Mihai Anton, constructor

It can never hurt to have a party.

Laura Codrescu, entrepreneur

Ea niciodată poate strica să aibă o petrecere.

Laura Codrescu, antreprenor

9

LOGIC IS A VERY BEAUTIFUL THING. AS LONG AS IT IS NOT ABUSED.

Eugene Ionesco, playwright, dramatist

LOGICA ESTE UN LUCRU FOARTE FRUMOS ATÂTA TIMP CÂT NU SE FACE ABUZ DE EA.

Eugene Ionesco, autor dramatic și dramaturg

9

He who wants to think about death should not come with me into
battle, but remain behind.

Vlad Tepes, medieval Prince of Wallachia, a.k.a. Dracula;
addressing his troops prior to battle [attributed]

Cel ce se gândește la moarte să nu vină cu mine la luptă, să rămână
în urmă.

Vlad Țepeș, prințul Valahiei; adresându-se oștirii înainte de bătăliei

MORE ABOUT ROMANIA

Vlad Tepes (1431-1476, born in Sighisoara, Romania); a.k.a. Vlad III, Prince of Wallachia, Dracula or "Vlad The Impaler" for the barbaric manner in which he dealt with enemies and criminals: impalement on wooden posts. Drac is a Romanian word which translates into Satan, Devil or Evil in English. While Vlad is the inspiration for Bram Stoker's selection of Dracula as the name for his book the vampire story is fiction. Vlad is still a folk hero in Romania, for vigorously defending the country against outside invaders and for his strong (albeit brutal) stance against crime and corruption. Romania's future capital city of Bucharest was first mentioned in connection with Vlad, who had a summer residence there. This association contributed to its becoming the country's capital. In 2006 he was voted one of the "100 Greatest Romanians" in a national poll.

Vlad Țepeș (1431-1476, născut în Sighișoara, România); cunoscut sub numele de "Dracula" pentru modurile barbare în care trata dușmanii și trădătorii, trăgându-i în țeapă. Vlad Țepeș constituie inspirația lui Bram Stoker pentru cartea Dracula, însă povestea despre vampir este una fictivă. Vlad este încă un erou pentru mulți oameni din România deoarece a apărat țara cu vigoare de invadatorii străini și datorită atitudinii sale brutale față de cei necinstiți. Viitoarea capitală a României la vremea aceea, București, a fost pentru prima dată menționată de către Vlad, care a avut o reședință de vară acolo. Asocierea aceasta a contribuit în cele din urmă la devenirea orașului capitală a țării.

Bran Castle, a.k.a. "Dracula's Castle," located near the city of Brasov, Romania.

Castelul Bran, cunoscut sub numele de "Castelul lui Dracula", situat lângă orașul Brașov.

Beautiful medieval city of Brasov, Romania.

Brașov, România.

140

Romania's official Coat of Arms.

Stema oficială a României.

**Dacian Draco, the standard of the ancient Dacian people, who inhabited
what is now Romania two thousand years ago, prior to their defeat by the
Romans in 106 A.D.**

Balaurul Dacic, drapelul anticei populații dacice, cei care au locuit
în locul actualei Românii acum două mii de ani în urmă.

Palace of the Parliament, Bucharest. According to *The Guinness Book of World Records*, the "People's House" is the world's largest civilian administrative building (the Pentagon in Washington, D.C. is the world's largest building overall), most expensive administrative building and heaviest building. Built by former communist dictator Nicolae Ceausescu, it required the demolition of much of Bucharest's historic district.

Palatul Parlamentului, București. Conform Cărții Recordurilor, "Casa Poporului" este cea mai mare clădire civilă administrativă din lume (Pentagonul din Washington D.C. este cea mai mare clădire din lume, aceasta fiind și o clădire militară), cea mai scumpă clădire administrativă și cea mai grea.

Palace of Culture in Iasi, Romania. This classic building houses four different museums: History, Art, Ethnography, and the Stefan Procopiu Museum of Science and Technology.

Palatul Culturii din Iași. Clădirea găzduiește patru muzee diferite: Muzeul de Istorie, Muzeul de Artă, Muzeul Etnografic și Muzeul Științei și Tehnicii Ștefan Procopiu.

**She-wolf and the twins Romulus and Remus in Cluj, Romania; mythical
founders of Rome who were abandoned at birth and said to be raised
by a She-wolf. In addition to Rome, this famous statue is also featured
prominently in several other Romanian cities, e.g., Bucharest and
Timisoara, in homage to the country's time of Roman occupation.**

Lupoaica și gemenii Romulus și Remus, fondatorii legendari ai Romei
care au fost abandonați la naștere spunându-se că au fost crescuți de către
lupoaică. Pe lângă Roma, această faimoasă statue este găsită în mai multe
orașe din România (ex. București și Timișoara) în omagiul ocupării
țării de către romani.

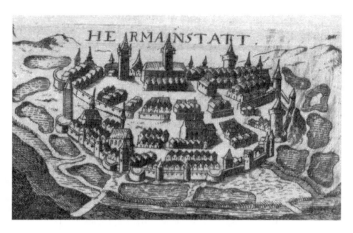

Sibiu (formerly Hermanstatt), medieval city in central Romania; designated a European Capital of Culture for 2007. First mentioned in a 1191 Vatican document, Sibiu is home to a remarkable list of "Firsts" for present-day Romania, including: 1292: First hospital. 1380: First documented school. 1494: First pharmacy. 1534: First paper mill. 1544: First book printed in the Romanian language. 1551: Conrad Hass is first in the world to experiment with dirigible rockets and 'delta wings.' 1782: Franz-Joseph Muller von Reichenstein discovered the chemical element tellurium. 1788: First theatre. 1795: First lightning rod installed. 1797: Samuel Hahnemann opened the world's first homeopathic laboratory. 1817: First museum. 1896: First use of electricity. 1928: First zoo.

Sibiu, oraș medieval în centrul României; desemnat Capitala Europeană a Culturii în anul 2007. Menționat pentru prima dată în 1191 într-un document din Vatican, Sibiu este casa unei remarcabile liste cu lucruri apărute pentru prima dată în România, incluzând: 1292: Primul spital. 1380: Prima școală confirmată în acte. 1494: Prima farmacie. 1534: Prima fabrică de hârtie. 1544: Prima carte tipărită în limba română. 1551: Conrad Hass este primul din lume care face un experiment cu rachete dirijate și 'aripi delta'. 1782: Franz-Joseph Muller von Reichenstein a descoperit elementul chimic telur. 1788: Primul teatru. 1795: Primul stâlp luminos instalat. 1797: Samuel Hahnemann a deschis primul laborator de homeopatie din lume. 1817: Primul muzeu. 1896: Folosirea electricității pentru prima dată. 1928: Prima grădină zoologică.

Close up of Trajan's Bridge in bas relief, from the famous 98 foot-high Trajan's Column in Rome, built in honor of Roman Emperor Trajan, who led the Romans to victory over the Dacians in the second century, A.D.

Podul lui Traian, secțiune de pe faimosa coloană din Roma care are 30 metri înălțime, construită în onoarea Împăratului Roman Traian, care a condus romanii în victoria asupra Dacilor în secolul al doilea.

Artist reconstruction of Trajan's Bridge, which linked present-day Romania with Serbia across the lower Danube River. Built by Apolodor from Damascus in the second century as a supply route for the Roman legions fighting in Dacia (present-day Romania), this 1,135 meter/3,724 foot long bridge was the world's longest arch-span bridge ever built for over a thousand years. Today, only remnants of the bridge on either shore are visible.

Reconstrucție artistică a Podului lui Traian, care a făcut legătura între România și Serbia peste Dunăre. Construit de către Apolodor din Damasc în secolul al doilea ca și o rută suplinitoare pentru armatele romane care au luptat în Dacia (în prezent România), acest pod lung de 1135 metri a fost cel mai lung pod arc-lumină construit vreodată, pentru mai mult de o mie de ani. Astăzi sunt visibile numai rămășițe ale podului pe ambele țărmuri.

Varatec Monastery (founded 1785), an Orthodox religious settlement, located in the northeastern part of Neamt County, Romania. There are more than one hundred similar historic monasteries and hermitages located throughout Romania, some offering overnight accommodations to present-day pilgrims.

Mănăstirea Văratec (construită în 1785), o așezare religioasă de tip ortodox, localizată în partea de nord-est a județului Neamț. Sunt mai mult de o sută de mănăstiri și schituri istorice similare localizate peste tot în România, unele oferind cazare peste noapte pelerinilor.

The Merry Cemetery, located in the village of Sapanta, Maramures county. It is famous for its colorful tombstones with paintings which describe, in a poetic and often humorous manner, the persons buried there as well as scenes from their lives. It is an open-air museum and a national tourist attraction. The unusual feature of this cemetery is that it diverges from the prevalent European, cultural belief that views death as something indelibly solemn. Connections with the Dacian culture have been made, a culture whose philosophical tenets presumably vouched for the immortality of the soul and the belief that death was a moment filled with joy and anticipation for a better life. A humorous example Merry Cemetery epitaph:

Now I will tell you a good one
I kind of liked the plum țuica (Romania's home-brewed national liquor,
pronounced "tsweek-ah")
With my friends at the pub
I used to forget what I came for...

Cimitirul Vesel este localizat în Săpânța, județul Maramureș și este faimos pentru crucile viu colorate, picturile naive reprezentând scene din viața și ocupația persoanelor înhumate. Pe unele cruci există chiar versuri în care sunt amintite, deseori cu nuanțe umoristice, persoanele respective. Cimitirul este un muzeu în aer liber și o atracție turistică. Ineditul acestui cimitir constă în diferențierea față de culturile altor popoare, în care moartea este un eveniment solemn. Caracterul aparte al cimitirului se află în legătură directă cu cultura dacilor, a căror filosofie era bazată pe nemurire și pe considerația că moartea era un motiv de bucurie, persoana respectivă ajungând într-o altă viață, una mai bună. Un exemplu comic de epitaf de la Cimitirul Vesel:

Ș-acum să-ți zic una bună
Mi-a plăcut țuica
Cu prietenii mei la cârciumă
Uitam pentru ce veneam...

It's the most amazing road I've ever seen... I love you, Romania!
Can I stay here forever?

*Jeremy Clarkson, host of the BBC's Top Gear automobile
enthusiast's show, after putting an Aston-Martin to the test on the
Transfagarasan Highway.*

Este cea mai frumoasă șosea pe care am văzut-o...Te iubesc
România! Pot rămâne aici pentru totdeauna?

*Jeremy Clarkson, prezentatorul emisiunii Top Gear de pe BBC,
după ce a testat un Aston Martin pe Transfăgărășan.*

Called "The Road that Leads to the Sky," the Transfagarasan Highway is
located in central Romania. It is both the highest and most dramatic road
in the country. A nationally known mountain highway 56mi/90km long,
it offers a challenging and picturesque adventure in driving. Winding up
and over the Carpathian mountains with breathtaking scenery and famous
hairpin turns, 6000 tons of dynamite was used in its construction
in the 1970's. Along its route are 27 viaducts and bridges and the
longest road tunnel in Romania.

Transfăgărășanul, numit și Drumul spre cer, este situat în Munții Carpați fiind
cel mai înalt și cel mai spectaculos drum din România. Se întinde pe o distanță
de 90 de kilometri și oferă un peisaj fascinant și pitoresc celor în căutare de
aventuri în condus. Drumul șerpuit urcă pe serpentine și viaducte având o
priveliște care taie respirația. A fost construit în 1970 și s-au folosit 6000 de
tone de dinamită, pe ruta lui aflându-se 27 de viaducte și de poduri
precum și cel mai lung tunel din România.

Called "The Sistine Chapel of the East," Voronet is one of the seven "painted monasteries" of northern Romania. It is located in the town of Gura Humorului, Moldavia. Built in 1488, the main church of St. George at Voronet is perhaps the most famous church in Romania. The frescoes at Voronet feature an intense shade of blue known in Romania as "Voronet blue." The church is renowned throughout the world for its exterior frescoes of bright and intense colors, and for the hundreds of well-preserved figures placed against the famous azurite background. Legend says that Stephen the Great, in a moment of crisis during a war against the Ottoman Turks, came to Daniil the Hermit at his skete in Voronet and asked for advice. After he won the battle against the Turks, keeping his promise to the monk, the Prince built a new church, dedicated to Saint George, the "bringer of victory in battle." Veronet church is one of the painted churches of northern Moldavia in Romania listed in UNESCO's list of World Heritage sites.

Voroneț, localizată în Gura Humorului, Moldova, este una din cele şapte mănăstiri pictate din Nordul României. Biserica a fost ridicată în anul 1488 şi este una din cele mai renumite biserici din ţară. Este cunoscută şi sub numele de "Capela Sixtină a Estului" având fresci de o culoare albastră foarte intensă, numită albastrul de Voroneț. Biserica este recunoscută în toată lumea pentru frescele exterioare de culori vii (predominant albastru şi verde) şi pentru sutele de scene pictate pe fundalul azurit. Legenda bisericii spune că Ştefan cel Mare, într-un moment de criză din timpul luptei cu Otomanii, a venit la Daniil Sihastru la Voroneț şi a cerut sfaturi. După ce a câştigat bătălia împotriva turcilor şi-a păstrat cuvântul şi a construit o biserică dedicată Sfântului Gheorghe "aducătorul de biruinţă". Voroneț se află pe lista Patrimoniului Mondial UNESCO.

Sundial Ruins.

Ruins from the air.

Ornate gold bracelet.

Tarabostes, Dacian warrior.

Shield design.

Ancient gold coins.

The land that is present-day Romania was once inhabited by a proud people known as the Dacians. Prior to their defeat by the Romans in the 2nd century, A.D. the region was known as Dacia. Very little is known today about the Dacians, as no books survive; the little that is was preserved through the eyes of their conquerors. The Greek historian Herodotus called them *the fairest and most courageous of men*, because they believed in the immortality of the soul and were not afraid to die. After 2000 years, the only remnants of the Dacians are some intriguing stone ruins, surprisingly ornate gold jewelry, and myths and legends for us to ponder. Interestingly, Romania's modern-day name contains the name of the region's most famous conquerors, whose occupation of the territory ended less than 200 years after their defeat of the Dacians. Can you think of any other modern country that still bears the name of the empire that conquered it 2000 years ago?

Teritoriul care se numește în prezent România a fost cândva locuit de strămoșii noștrii Dacii. Înainte de a fi biruiți de Romani în secolul I regiunea era numită Dacia. Nu se găsesc foarte multe informații despre daci deoarece cărțile au fost distruse, iar singurele detalii există prin prisma celor care i-au cucerit. Istoricul grec Herodot i-a numit cei mai cinstiți și mai curajoși oameni deoarece credeau în nemurirea sufletului și nu se temeau de moarte. Dupa 2000 de ani singurele rămășițe sunt ruine de piatră, bijuterii de aur prețioase și mituri, legende asupra cărora cugetăm. Este foarte interesant faptul că numele actual al țării provine de la romani, a căror popor a dispărut în aproximativ 200 de ani de la învingerea dacilor. Vă puteți gândi la o altă țară contemporană care încă mai poartă numele imperiului care a cucerit-o acum 2000 de ani?

The Berca Muddy Volcanoes are located in Buzau, in the southern part of the country. They are a spectacular geological and botanical reservation where the soil is made from dried mud, which comes from small, active "volcanoes" rising just a few yards above ground. Yet, contrary to conventional volcanoes, the Berca Muddy Volcanoes are relatively cool and can be safely explored (mindful of the strong sulfur scent in the air). Unique in Europe, they present a striking landscape that looks as much like the moon as possible on the earth. On a related note, Romania is home to more than one third of Europe's mineral and thermal springs.

Vulcanii noroioşi sunt o rezervaţie botanică şi geologică aflată pe raza comunelor Berca şi Scorţoasa din judeţul Buzău. Vulcanii noroioşi reprezintă formaţiuni create de gazele naturale care trec prin solul argilos în combinaţie cu apa din pânza freatică. Cu toate că sunt deosebiţi faţă de vulcanii tradiţionali, Vulcanii Noroioşi de la Berca sunt relativ reci şi pot fi exploraţi fără pericole. Trebuie luat in considerare sulful din aer care are un nivel foarte ridicat. Vulcanii au un caracter unic în Europa iar peisajul pe care îl oferă seamănă cu o luna pământească.

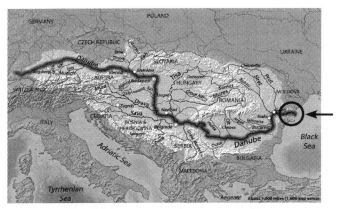

The Danube River Delta, a World Heritage Site, is the second largest and best-preserved river delta in Europe. The delta is 2,200 square miles of rivers, canals, marshes, tree-fringed lakes and reed islands. Pristine and remote, it is a wildlife enthusiast's and bird watcher's paradise. The greater part of the delta is in Tulcea county, Romania and is a little-known vacation/recreational treasure. The Danube, which begins in the springs of Germany's Black Forest, is also the longest river in the European Union and the second longest river in Europe overall, after the Volga.

Delta Dunării, Patrimoniu Mondial, este a doua ca mărime și cea mai bine conservată deltă din Europa. Are ca și lungime 3446 km² și se compune din râuri, canale, mlaștini, insule cu stuf și lacuri împrejmuite de copaci. Primitivă și izolată, Delta este locul de vis al celor interesați de natura sălbatică și paradis pentru observatorii de păsări. Cea mai mare parte a Dunării se află pe teritoriul județului Tulcea și reprezintă o comoară recreațională, însă foarte puțin cunoscută pentru vacanțe. Dunărea izvorăște în Germania din Munții Pădurea Neagră și este a doua ca mărime după Volga.

Mihai Eminescu, Romania's beloved national poet, on the country's highest denomination banknote. Romania's currency, the Lei/Ron (pronounced "Lay-O") offers an interesting insight into the psyche of the country: the portraits on the banknotes include a great poet, an inventor, various musicians and other creatives—yet no heads of state. The reader can draw their own conclusion as to why this is so.

Mihai Eminescu pe bancnota cu valoarea cea mai mare - 500 Lei. În timp ce multe alte țări au pe bancnote politicieni, România nu are nici unul. Pe toate bancnotele din țara noastră sunt regăsite portrete ale scriitorilor renumiți, muzicieni, compozitori, inventatori și alți oameni de valoare.

Prometheus, by sculptor Constantin Popovici (1938-1995; born in Iasi, Romania). This stainless steel 30 foot tall masterwork was completed in 1970. It overlooks the massive hydroelectric dam at Vidraru on the river Arges, at the southern gateway to the Transfagarasan highway. In Greek mythology Prometheus was a champion of mankind, a Titan who stole fire from Zeus and gave it to mortals. Numerous similarly-themed legends can be found in cultures worldwide. Reviewer Daniel Grigorescu said of this work:

[this Titan] seems to tear the lightning out of the sky and master it. This Prometheus does not steal the fire of the skies to hide it in a hollowed out rod for fear of the Allmighty God; he takes it with a gesture that shows he knows very well he has the right to. In fact, this monument should remind us that, according to certain ancient myths, Prometheus was the one who molded man out of clay. Constantin Popovici's work gives me the same impression: he is the Titan who created man and then gave him the fire.

Prometeu, sculptură realizată de Constantin Popovici (1938-1995; născut la Iași). Această statuie din oțel inoxidabil a fost finalizată în 1970 și are aproximativ 10 metri înălțime. Este situată în partea de est a Barajului Vidraru, în partea sudică la intrarea pe Transfăgărășan. În mitologia greacă Prometeu a fost un simbol al sacrificiului pentru binele omenirii, un titan care a furat focul de la Zeus și l-a dat celor muritori. Numeroase legende de acest gen pot fi găsite în întreaga lume. Criticul literar Daniel Grigorescu a spus despre opera sa:

Acest titan pare a smulge focul din cer și a-l domina. Prometeu nu fură focul cerurilor pentru a-l ascunde de Dumnezeul Atotputernic, ci îl ia cu un gest prin care arată că știe foarte bine că are acest drept. Acest monument ar trebui să ne reamintească că pe baza unor mituri istorice, Prometeu a fost cel care a modelat omul din lut. Opera lui Constantin Popovici îmi creează aceeași impresie: el este Titatul care a creat omul după care i-a dat focul.

NOTABLE ROMANAIN INVENTORS

Many people have never considered what the world would be like today if Romania and its people had never existed. The following partial list of notable Romanian inventors is a thought-provoking illustration of this point.

❖ Henri Coanda (1886-1972): Builder of the world's first jet-powered aircraft; father of modern jet airplanes.

❖ George Constantinescu (1881-1965): Invented the synchronized machine gun that fired between aircraft propellors.

❖ Anastase Dragomir (1896-1966): Invented an early version of the modern ejection seat for jet pilots.

❖ Lazăr Edeleanu (1861-1941): First chemist to synthesize amphetamine.

❖ Hermann Oberth (1894-1989): A key founding father of rocketry and astronautics.

❖ Stefan Odobleja (1902-1978): Cybernetics pioneer; first to state that Cybernectics originated in psychology.

❖ Nicolae Paulescu (1869-1931): Discoverer of insulin.

❖ Aurel Persu (1890-1977): Invented the first car to have the wheels inside its aerodynamic line, which we take for granted today. Came to the conclusion that the perfectly aerodynamic automobile has the shape of a falling water-drop.

❖ Petrache Poenaru (1799-1875): Invented the Fountain Pen and the modern Romanian tricolor flag.

❖ Aurel Vlaicu (1886-1913): Built the world's first arrow-shaped airplane.

❖ Traian Vuia (1872-1950): Designed, built and flew the first self-propelling heavier-than-air aircraft in Europe (1906). Also invented the steam generator still used worldwide in all thermal power stations.

INVENTATORI ROMÂNI REMARCABILI

Mulți dintre oameni nu s-au gândit niciodată cum ar fi lumea dacă România și românii n-ar fi existat niciodată. Următoarea listă parțială cu inventatorii români de seamă este o exemplificare a acestui punct de vedere.

❖ Henri Coandă (1886-1972): Creatorul primului avion cu reacție din lume.

❖ George Constantinescu (1881-1965): A inventat mitraliera care ataca printre elicele unui avion, sincronizând mișcarea gloanțelor cu mișcarea elicelor.

❖ Anastase Dragomir (1896-1966): A inventat o versiune timpurie a scaunului modern de evacuare pentru piloții de avioane.

❖ Lazăr Edeleanu (1861-1941): Primul chimist care a sintetizat amfetamina.

❖ Hermann Oberth (1894-1989): Unul dintre părinții fondatori ai astronauticii și tehnicii rachetelor teleghidate.

❖ Ștefan Odobleja (1902-1978): Deschizător de drumuri în Cibernetică, primul care a declarat că cibernetica își are originile în psihologie.

❖ Nicolae Păulescu (1869-1931): A descoperit insulina.

❖ Aurel Perșu (1890-1977): A inventat prima mașină care avea roțile înăuntrul liniei aerodinamice a mașinii, pe care astăzi le considerăm indiscutabile. El a ajuns la concluzia că aerodinamica perfectă a unui automobil are forma unei picături de apă căzute.

❖ Petrache Poenaru (1799-1875): A inventat stiloul și steagul tricolor modern al României.

❖ Aurel Vlaicu (1886-1913): A construit primul avion care avea forma unui arc.

❖ Traian Vuia (1872-1950): A schițat, construit și a zburat în 1906 cu primul avion din Europa care avea propriul motor și care era mai greu ca aerul. De asemenea, a inventat generatorul de abur care încă mai este folosit astăzi în toate stațiile care folosesc puterea termală.

APPENDIX

Map of Romania.

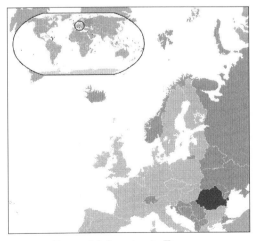

Romania's location in Europe.

A Concise Overview of Romania

Excerpted from the US State Department web site:
www.state.gov/r/pa/ei/bgn/35722.htm

Geography Area: 237,499 sq. km. (91,699 sq. mi.); approximately the size of New York and Pennsylvania combined.

Cities: *Capital:* Bucharest (pop. 2.02 million). *Other cities* - Iasi (350,000), Constanta (344,000), Timisoara (327,000), Cluj-Napoca (334,000), Galati (331,000), Brasov (316,000).

Terrain: Consists mainly of fertile plains; hilly in the eastern regions of the middle Danube basin; major mountain ranges running north and west in the center of the country, which collectively are known as the Carpathians.

Climate: Moderate.

People/Nationality: Romanian(s). Population: 21.5 million (2008).

Religions: Orthodox 86.8%, Roman Catholic 5%, Protestant, Baptist and Pentecostal 5%, Greek Catholic 1 to 3%, Muslim 0.2%, Jewish less than 0.1%.

Languages: Romanian (official), English, Hungarian, German.

Education: *Years compulsory:* 10. *Attendance:* 98%. *Literacy:* 98%.

Health: *Infant mortality rate* - 18.7/1000 (2001); 18.6/1000 (2002). *Life expectancy*--men 67.61 yrs., women 74.9 yrs.

Government Type: Republic. Constitution: December 8, 1991, amended by referendum October 18-19, 2003.

Natural resources: Oil, timber, natural gas, coal, salt, iron ore.

Agriculture (2006): *Percent of GDP* - 8.0%. *Products* - corn, wheat, potatoes, oilseeds, vegetables, livestock, fish and forestry.

Industry (2006): *Percent of GDP* - 23.9%. *Types* - machine building, mining, construction materials, metal production and processing, chemicals, food processing, textiles, clothing.

Trade: *Exports* (2006) - $32.3 billion; (Jan.-June 2007): $18.6 billion. *Types* - textiles, chemicals, light manufactures, wood products, fuels, processed metals, machinery and equipment.

Exports to the U.S. (2006): $827.5 million; (Jan.-June 2007): $391 million.

Major markets: Italy, Germany, Turkey, France, Hungary, U.K., U.S. (2.6%).

Imports (2006): $50.9 billion; (Jan.-June 2007): $31.3 billion. *Types* - machinery and equipment, textiles, fuel, coking coal, iron ore and mineral *the U.S.* (2006) - $1.2 billion; (Jan.-June 2007): $414.1 million.

Major suppliers: Germany, Italy, Russia, France, Turkey, Austria, U.K., China, Hungary, U.S. (2.4%).

Exchange rate: 2.9 new Lei (RON)=U.S.$1 (September, 2011).

Geography: Extending inland halfway across the Balkan Peninsula and covering a large elliptical area of 237,499 square kilometers (91,699 sq. mi.), Romania occupies the greater part of the lower basin of the Danube River system and the hilly eastern regions of the middle Danube basin. It lies on either side of the mountain systems collectively known as the Carpathians, which form the natural barrier between the two Danube basins. Romania's location gives it a continental climate, particularly in Moldavia and Wallachia (geographic areas east of the Carpathians and south of the Transylvanian Alps, respectively) and to a lesser extent in centrally located Transylvania, where the climate is more moderate. A long and at times severe winter (December-March), a hot summer (April-July), and a prolonged autumn (August-November) are the principal seasons, with a rapid transition from spring to summer. In Bucharest, the daily minimum temperature in January averages -7°C (20°F), and the daily maximum temperature in July averages 29°C (85°F).

People: About 89% of the people are ethnic Romanians, a group that—in contrast to its Slav or Hungarian neighbors—traces itself to Latin-speaking Romans, who in the second and third centuries A.D. conquered and settled among the ancient Dacians, a Thracian people. As a result, the Romanian language, although containing elements of Slavic, Turkish, and other languages, is a romance language related to French and Italian. Hungarians and Roma are the principal minorities, with a declining German population and smaller numbers of Serbs, Croats, Ukrainians, Greeks, Turks, Armenians, Great Russians, and others.

History: Since about 200 B.C., when it was settled by the Dacians, a Thracian tribe, Romania has been in the path of a series of migrations and conquests. Under the Roman Emperor Trajan early in the second century A.D., Dacia was incorporated into the Roman Empire, but was abandoned by a declining Rome less than two centuries later. Romania disappeared from recorded history for hundreds of years, to reemerge in the medieval period as the Principalities of Moldavia and Wallachia. Heavily taxed and badly administered under the Ottoman Empire, the two Principalities were unified under a single native prince in 1859, and had their full independence ratified in the 1878 Treaty of Berlin. A German prince, Carol of Hohenzollern-Sigmaringen, was crowned first King of Romania in 1881. The new state, squeezed between the Ottoman, Austro-Hungarian, and Russian empires, looked to the West, particularly France, for its cultural, educational, and administrative models. Romania sided with the allies in WW I. Most of Romania's pre-World War II governments maintained the forms, but not always the substance, of a liberal constitutional monarchy. The fascist Iron Guard movement, exploiting a quasi-mystical nationalism, fear of communism, and resentment of alleged foreign and Jewish domination of the economy, was a key destabilizing factor, which led to the creation of a royal dictatorship in 1938 under King Carol II. In 1940, the authoritarian General Antonescu took control. Romania entered World War II on the side of the Axis Powers in June 1941, invading the Soviet Union to recover Bessarabia and Bukovina, which had been annexed in 1940. In August 1944, a coup led by King Michael, with support from opposition politicians and the army, deposed the Antonescu dictatorship and put Romania's battered armies on the side of the Allies. Romania incurred additional heavy casualties fighting alongside the Soviet Union against the Germans in Transylvania, Hungary, and Czechoslovakia.

After WW II, King Michael abdicated under pressure in 1947, when the Romanian People's Republic was declared, and went into exile. By the late 1950s, Romania's communist government began to assert some independence from the Soviet Union. Nicolae Ceausescu became head of the Communist Party in 1965 and head of state in 1967. Ceausescu's denunciation of the 1968 Soviet invasion of Czechoslovakia and a brief relaxation in internal repression helped give him a positive image both at home and in the West. Seduced by Ceausescu's "independent" foreign policy, Western leaders were slow to turn against a regime that, by the late 1970s, had become increasingly harsh, arbitrary, and capricious. Rapid economic growth fueled by foreign credits gradually gave way to economic autarchy accompanied by wrenching austerity and severe political repression. After the collapse of communism in the rest of Eastern Europe in the late summer and fall of 1989, a mid-December protest in Timisoara against the forced relocation of an ethnic Hungarian pastor grew into a countrywide protest against the Ceausescu regime, sweeping the dictator from power. Ceausescu and his wife were executed on December 25, 1989, after a cursory military trial.

An impromptu governing coalition, the National Salvation Front (FSN), installed itself and proclaimed the restoration of democracy and freedom. The Communist Party was dissolved and its assets transferred to the state. Ceausescu's most unpopular measures, such as bans on private commercial entities and independent political activity, were repealed. Ion Iliescu, a former Communist Party official demoted by Ceausescu in the 1970s, emerged as the leader of the NSF. The new government began cautious free market reforms, e.g., opening the economy to consumer imports and establishing the independence of the National Bank. Romania has made great progress in institutionalizing democratic principles, civil liberties, and respect for human rights since the revolution. Nevertheless, the legacy of 44 years of communist rule cannot quickly be eliminated. Membership in the Romanian Communist Party was usually the prerequisite for higher education, foreign travel, or a good job, while the extensive internal security apparatus subverted normal social and political relations. Since the revolution in 1989, there has been a series of governing parties and coalitions, each promising and endeavouring to deliver on their platforms, from an end to corruption, to economic reforms, a higher standard and quality of living and a brighter future for Romania. As of 2009, Romania's President is Traian Basescu. First elected in 2004, Basecu, a former Mayor of Bucharest, is head of the Justice and Truth Alliance party.

Government: Romania's 1991 constitution proclaims Romania a democracy and market economy, in which human dignity, civic rights and freedoms, the unhindered development of human personality, justice, and political pluralism are supreme and guaranteed values. The constitution directs the state to implement free trade, protect the principle of competition, and provide a favorable framework for production.

Economy: Romania is a country of considerable potential: rich agricultural lands; diverse energy sources (coal, oil, natural gas, hydro, and nuclear); a substantial industrial base encompassing almost the full range of manufacturing activities; an educated work force; and opportunities for expanded development in tourism on the Black Sea and in the Carpathian mountains. At its Helsinki Summit in December 1999, the European Union invited Romania to formally begin accession negotiations. In December 2004, the EU Commission concluded pre-accession negotiations with Romania. In April 2005, the EU signed an accession treaty with Romania and its neighbor, Bulgaria, and in January 2007, they were both welcomed as new EU members.

Foreign Relations: Since December 1989, Romania has actively pursued a policy of strengthening relations with the West in general, more specifically with the U.S. and the European Union. Romania officially became a member of the North Atlantic Treaty Organization on March 29, 2004 after depositing its instruments of treaty ratification in Washington, DC. in 1996. Romania acceded to the European Union on January 1, 2007 along with Bulgaria, bringing the number of EU states to 27. Romania is a strong advocate for a "larger Europe," encouraging other countries that were formerly part of the Soviet sphere to integrate into both NATO and the EU.

ANEXA

Harta României, arătând orașele semnificative.

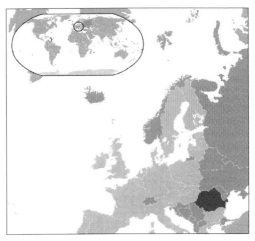

Locația României în Europa.

Informații generale despre România

(extras de pe site-ul Departamentului Statelor Unite:
www.state.gov/r/pa/ei/bgn/35722.htm)

Aria Geografică: 237.499 km² (91.699 mile²); aproximativ cât New York și Pennsylvania combinate.

Orașe: Capitala- București (2.02 milioane locuitori). Alte orașe – Iași (350.000), Constanța (344.000), Timișoara (327.000), Cluj-Napoca (334.000), Galați (331.000), Brașov (316.000).

Sol: Conține în mare parte dealuri fertile; deluros în regiunile estice ale bazinului mijlociu al Dunării ; regiuni muntoase importante înspre nordul și vestul centrului țării, care sunt cunoscute sub numele de Carpați.

Climat: Moderat.

Naționalitate: Român(i). Populație: 21.5 milioane (2008).

Religii: Ortodoxă 86.8%, Romano catolică 5%, Protestantă, Baptistă și Penticostală 5%, Greco Catolică 1-3%, Musulmană 0.2%, Evrei mai puțin de 0.1%.

Limbi: Romana (oficial). Alte limbi – maghiară, germană.

Educație: Ani obligatorii - 10. Prezență - 98%. Gradul de citire și scriere - 98%.

Sănătate: Rata mortalității infantile – 18.7/1000 (2001), 18.6/1000 (2002). Durata medie a vieții – 67.61 ani bărbați, 74.9 ani femei.

Forma de guvernământ: Republică. Constituție: Decembrie 8, 1991, amendată prin referendum din Octombrie 18-19, 2003.

Resurse naturale: ulei, cherestea, gaz natural, cărbune, sare, minereu de fier.

Agricultura (2006): Procent din Produsul Național Brut PNB– 8.0%. Produse – porumb, grâu, cartofi, ulei de semințe, legume, șeptel (totalitatea animalelor domestice crescute într-o gospodărie, într-o comună, într-o țară - pentru a obține un beneficiu economic), pește și păduri.

Industrie (2006): Procent din Produsul Național Brut PNB – 23.9%.
Tipuri: industria construcțiilor de mașini, industria materialelor de construcții, industria producției și prelucrării metalelor, industria chimică, industria alimentară, textilă, confecțiilor.

Comerț: *Export* (2006): 32.3 bilioane $; (Ianuarie – Iunie 2007): 18.6 bilioane $. Tipuri: textile, preparate chimice, industria ușoară, produse lemnoase, carburanți, metale prelucrate, instalații mecanice și utilaje.

Exporturi către U.S.A. (2006): 827.5 milioane $; (Ianuarie- Iunie 2007): 391 milioane $.

Piețe semnificative: Italia, Germania, Turcia, Franța, Ungaria, Anglia, U.S.A. (2.6%).

Importuri (2006): 50.9 bilioane $; (Ianuarie – Iunie 2007): 31.3 bilioane $. Tipuri – instalații mecanice și utilaje, textile, carburanți, cărbune cocsificat, minereu de fier și produse minerale. *Importuri din U.S.A.* (2006) – 1.2 bilioane $; (Ianuarie – Iunie 2007): 414.1 milioane $.

Furnizori semnificativi: Germania, Italia, Rusia, Franța, Turcia, Austria, Anglia, China, Ungaria, U.S.A. (2.4%).

Curs valutar: 2.9 lei noi (RON)=U.S.$1 (Septembrie 2011).

RESOURCES

Websites

www.WildCarpathia.tv *(the enchanting 4-part documentary film series on Romania by English writer/producer Charlie Ottley)*

www.RomaniaTourism.com

www.UnseenRomania.com

www.Alianta.org *(Friends of the Romanian-American Alliance)*

www.VerticalFilm.ro *(Romania View Over The Top magazine)*

www.RCR.org *(Romanian Children's Relief)*

www.RomanianCulturalExchange.org *(ROCX)*

www.Forbes.ro

www.RomanianWisdom.com

Books

Romania: An Illustrated History, by Nicolae Klepper

Romania: Culture Smart! by Debbie Stowe

Dracula is Dead, by Sheliah Kast and Jim Rosapepe

Out of the Transylvania Night, by Aura Imbarus

Everyday Karma; The Eleven Eternal Principles, by Carmen Harra

Night, by Elie Wiesel

Juran on Quality by Design, by Dr. Joseph M. Juran

The Autobiography of Nadia Comaneci, by Nadia Comaneci

The Geometry of Life, by Matila Ghyka

Unfinished Business, by John Houseman

The Golden Ratio: The Story of Phi, The World's Most Astonishing Number, by Mario Livio

Fodor's Guide to Eastern and Central Europe, by Fodor's

ESSENTIAL ROMANIAN
FOR ENGLISH SPEAKERS

The following is a crash course in essential communication in Romanian, presented in the most basic, phonetic style. It is meant to provide the vital few phrases to get you started on the right foot in a conversation with a Romanian.

Have fun and remember: 62%+ of our total communication power is in our body language—eyes, smile, overall posture, intention and energy; 30% is in your voice tone, and only 8% is in the actual words you use or know (percentages are approximate). This means that the vast majority (92%) of your total communication power is in your body language and voice tone! So, do your best with the few words needed, and relax—your body language and voice tone will carry you the majority of the way. Nor-oak (good luck or "cheers," in Romanian :)

Yes: **Da**
No: **Nu**
Hello, greetings: **Sah-lude**
Good-bye: **Pah**
Cheers (a toast); also, Good Luck: **Nor-Oak**
Thank You: **Mult-sah-mesk**
You're Welcome: **Coop-la-cherry**
Sara-moon-ah: *I kiss your hand (said to any woman upon meeting or parting; a huge token of esteem)*
Sah-nah-tah-tay: *Good health to you (said in parting)*
Good morning: **Not-zah**
Good night: **Nop-tay-boon-ah**
Bless you (said to someone after a sneeze): **Sana-toes**
Good: **Bean-A**
Bad: **R-owww**
There you go, here it is: **Poff-team**
What's up/How are you doing? **Chay-Fatch?**
My name is: **Mon-oo-mesk**
Bathroom: **Bi-yay**
A little: **Put-zeen**
Beautiful: **Fro-moe-sah**
Wonderful: **Me-new-not**

Hot: **Calt**
Cold: **Freeg**
I know what you mean: **Sh-tew**
OK, I agree, I understand:
  Ah-shah
Fast: **Rah-peed**
Slow: **En-chet**
Straight: **Dropt-ah**
Right: **Drah-pt**
Left: **Stoon-gah**
Near: **Loon-gah**
Far: **Depart-tay**
Small: **Meek**
Large: **Mar-A**
I'm from America:
  Soont-din-America
Book: **Car-tay**
Crazy: **Nay-boon**
Health: **Sana-taa-tay**
Life: **Vee-ott-za**
Love: **Drag-oh-stay**
Pepper: **Pee-pear**
Salt: **Sah-ray**
Same: **Lah-fell**
Sugar: **Zah-her**

Light: **Lumina**
Month: **Luna**
Name: **Noom-A**
Nice to meet you:
  Um-pa-ray-Bean-ah
Night: **No-opt-tah**
Now: **Ah-coom**
Please: **Tear-oh-g**
Play: **Sh-wah-kah**
Police: **Polit-zee-ah**
Sad: **tree-st**
Sleep: **Dorma**
Slow: **En-chet**
Sure: **Sea-gore**
Time: **Team-p**
Today: **Eyes**
Up: **Su-se**
Very Fine: **Fwart-tay-feen**
Water: **Ah-pa**
What is your name:
  Cum-tay-cama?
Where is the… **Un-day-es-tay?**
Work: **Moon-Kah**

Car, automobile: **Masheen-ah**
Check, please: **Note-ah-ver-oh-g**
Day: **Z-wah**
Delightful: **Plah-coot**
Done, finished: **Gatta**
Down: **Joe-sss**
First Class: **Prima Class-ah**
Funny: **Ah-moos-ant**
Great luck; do well: **Spore**
Happy: **Ferry-cheet**
Heavy: **Grray-oh**
Help: **As-shoe-tor**
Later: **Tour-zeo**
Let's go: **Hi**

Some of the many Romanian words which are nearly identical in English, with basic phonetic fine-tuning when said in Romanian only as needed; e.g., *business* is identical in English and Romanian:

Abandon: *Abandon-knot*
Absolute
Business
Chance: *Shahnc-ah*
Chocolate: *Choco-lot-ah*
Cholesterol
Club: *Cl-oob*
Cocoa: *Cah-Cow-ah*
Coincidental
Compact
Compass: *Coom-pass*
Company
Confident: *Con-fee-dent*
Context
Correct: *Core-ekt*
Dance: *Dah-nce*
Defect
Delicious: *Deli-chose*
Desert: *Deh-sert*
Dictionary: *Dict-sea-oh-nar*
Emotional: *Eh-motion-nal*
Energy: *Energee-ah*
Enthusiastic: *Enthusias-mat*
Evolution: *Evo-loot-sea-ah*
Exact
Example: *Examp-lou*
Excellent: *Ex-chel-ent*
Exceptional: *Ex-chep-sea-oh-nal*
Exclusive
Expert
Extraordinary: *Extraordin-are*
Extreme: *Ex-trim*
Farm: *Firm-ah*
Fine: *Feen*
Fragile: *Fra-jill*
Generally: *En-gen-er-al*
Horizontal

Internet
Introverted
Important
Monastery: *Mon-S-tear-A*
Negative: *Neg-ah-teave*
Peace: *Pa-chay*
Perfect: *Pear-fect*
Periodic
Pharmacy: *Pharma-chee-ah*
Plastic
Possible: *Poss-E-bill*
Program
Pure: *Poor*
Realize: *Real-is-ah*
Relax: *Relax-are-A*
Responsible: *Ress-pon-sah-bill*
Salad: *Salat*
Security: *Secure-ee-tata*
Serious
Simple: *Simp-lou*
Solemn
Spirit
Stop
Strategy: *Strata-gee*
Stupid: *Stu-peed*
Success: *Sook-chess*
Super: *Su-pear*
Superior
Supreme: *Sue-preem*
Suspicious
System
Talented: *Talent-tot*
Telephone
Toilet/Bathroom: *Toileta*
Tourist
Unique: *Oo-neek*

171

PICTURE CREDITS

Unless noted below, all pictures were gratefully sourced from Wikipedia.org, with a special note of appreciation to Wikipedia founder Jimmy Wales and all those who maintain and contribute to this amazing resource of free human knowledge. Portions of featured picture captions also include selected data from Wikipedia. Every effort has been made to assure correct attribution. Any omissions or errors will be corrected upon notification.

Matthew K. Cross and Dr. Joseph Juran, Veratec Monastery, Dracula Dog, Uncle Sam Poster, She-Wolf/Romulus/Remus, Prometheus: Copyright ©2011 Matthew K. Cross.

Anastasia Soare, Monica Birladeanu/Dean, Dr. Carmen Harra, Constantina Dita, Andreea Esca, Anca Pedvisocar, Madalina Burca, Stefan Mardare, Alex Samoilescu, Axel Moustache, Anatolie Vartosu, Diana-Florina Cosmin, Aura Imbarus and Valeriu Tomescu all graciously provided their pictures for inclusion in the book.

The One magazine cover: Courtesy of Andreea Esca

Gabi Szabo: www.GabiSzabo.com

Monica Birladeanu/Dean: Bjoern Kommerell

Hermann Julius Oberth: NASA

John Houseman: Alan Light/Wikipedia.org

Nadia Comaneci and Map of Romania with major cites: U.S. Department of State website

Voronet Monastery: Cosmin Cornea

Her Invisible Groom: Anca Pedvisocar

Authors' picture: Bogdan Rusu, www.cipriani-photography.com

Mulțumiri Pentru Fotografii

În afară de cazul în care nu sunt menționate mai jos, toate fotografiile sunt cu recunoștință luate de la Wikipedia.org, cu o recunoaștere specială fondatorului Wikipedia, Jimmy Wales și tuturor celor care mențin și contribuie la această sursă extraordinară de cunoștințe oferite gratis. O parte din titlurile care însoțesc fotografiile includ de asemenea date selectate de la Wikipedia. S-au pus toate eforturile pentru a se face o mențiune corectă a tuturor surselor incluse în această carte. Orice omisiune sau greșeală va fi corectată sub aducerea la cunoștință, în cel mai scurt timp.

Matthew K. Cross și Dr. Joseph Juran, Mănăstirea Văratec, Cățelul Dracula, Posterul cu Unchiul Sam, Lupoaica/Romulus/Remus: Copyright ©2011 Matthew K. Cross.

Dr. Carmen Harra, Constantina Diță, Andreea Esca, Anca Pedvisocar, Anastasia Soare, Mădălina Burcă, Ștefan Mardare, Alex Samoilescu, Axel Moustache, Diana-Florina Cosmin, Aura Imbarus, Anatolie Vârtosu și Valeriu Tomescu , au oferit cu amabilitate fotografiile lor pentru includerea în această carte.

Coperta Revistei The One: Amabilitatea Dnei Andreea Esca.

Gabi Szabo: www.GabiSzabo.com

Monica Birladeanu/Dean: Bjoern Kommerell

Hermann Julius Oberth: NASA

John Houseman: Alan Light/Wikipedia.org

Nadia Comăneci și Harta României cu principalele orașe: site-ul Departamentului de Stat al U.S.A.

Mănăstirea Voroneț: Cosmin Cornea

Her Invisible Groom: Anca Pedvisocar

Fotografia autorilor: Bogdan Rusu, www.cipriani-photography.com

INDEX

ABOUT THE AUTHORS

❦

DESPRE AUTORI

Diana Doroftei is a Romanian-born writer who now lives in America. She holds a degree in Finance and Banking from Alexandru Ioan Cuza University in Iasi, Romania. Her interests include writing, traveling, economics, quality management, social science, health and sports. She is a proud ambassador for Romania and its people. Diana@DianaDoroftei.com

Matthew K. Cross is President of Leadership Alliance, an international leadership & strategy firm. America's Leading Priority Strategist, he is a speaker, author, athlete and Deming Quality scholar. His books include *Setting Your Priorities Straight, The Millionaire's Map* and *Nature's Secret Nutrient* (with Robert D. Friedman, M.D.). Matthew@LeadershipAlliance.com

Diana Doroftei este născută în România locuind acum în Statele Unite. Deține o diplomă în Finanțe și Bănci de la Universitatea Alexandru Ioan Cuza, Iași. Ea are ca și interese scrisul, economia, managementul calității, științele sociale, sportul și călătoriile. Diana este un ambasador mândru al României.

Matthew K. Cross este președintele Leadership Alliance, o organizație de consultanță la nivel internațional de conducere și strategie în afaceri. Orator, atlet și elev al lui Deming în Managementului Calității, el este autorul cărților: *Setting Your Priorities Straight, The Millionaire's Map and Nature's Secret Nutrient* (cu Robert D. Friedman, M.D.).

The authors are available for interviews and presentations. Contact info@HohinMedia.com for more information.

ACKNOWLEDGEMENTS

Diana would like to thank:

❖ My project partner, exquisite friend Matthew, for making the desire of writing this book a reachable one.

❖ My parents, Neculai and Ionica for their care, love and trust and also my three brothers Ionuț, Vlad și Radu, for being who they are.

❖ All of the people who shared their wisdom, thoughts and profound knowledge with us, making the project a more valuable one.

❖ My grandmother Tofana for her care wherever I go, for my cousin Cerasela and for all my relatives.

❖ Frank, for his kindness and friendship.

❖ All my close friends, a big part of them being in this book.

❖ All the people who have impacted my life in a meaningful way.

Matthew would like to thank:

❖ My lovely co-author Diana, for making this project such a delightful and fulfilling one.

❖ All of the great contributors on these pages. The insights and genius you shared make this book what it is.

❖ Our Romanian friends Alex, Ioana and Andreea Samoilescu; Anatolie and Magda Vartosu; Anastasia, and Monica.

❖ My family, for their support and love.

❖ The fine establishments where this book was created, including: Café/Bar Florian and Star Coffee, Heidelberg, Germany; Hotel Select's Boema Café, No. 8 Caffe and Maideyi Café, Iași, Romania; Turabo Café, Brașov, Romania; Bull's Head Diner, Stamford, Connecticut; Versailles and Méli-Mélo, Greenwich, Connecticut; Connecticut Muffin and Zumbach's Gourmet Coffee, New Canaan, Connecticut USA.

MULȚUMIRI

Diana ar dori să mulțumească:

❖ Partenerului meu de proiect, Matthew, pentru că a făcut dorința
de a scrie această carte una realizabilă.

❖ Părinților mei, Neculai și Ionica pentru grija, dragostea și
încrederea lor și de asemenea celor trei frați ai mei Ionuț,
Vlad și Radu, pentru că sunt ceea ce sunt.

❖ Tuturor persoanelor care și-au împărtășit înțelepciunea, gândurile
și principiile de viață, făcând acest proiect unul mult mai valoros.

❖ Frank, pentru bunătatea lui și prietenia noastră.

❖ Bunicii mele Tofana pentru grija pe care mi-o poartă oriunde
mă duc, verișoarei mele Cerasela și tuturor rudelor mele.

❖ Tuturor prietenilor mei apropiați, o mare parte dintre ei
aflându-se în această carte.

Matthew ar dori să mulțumească:

❖ Minunatei mele co-autoare Diana, pentru că a făcut acest proiect
atât de încântător și de realizabil.

❖ Tuturor celor care au contribuit la aceste pagini. Cunoștințele pe
care le-ați împărtășit fac cartea ceea ce este.

❖ Prietenilor mei români apropiați Alex, Ioana și Andreea
Samoilescu, Anatolie și Magda Vartosu, Anastasia, Monica,
pentru prietenia noastră sinceră și de durată.

❖ Familiei mele, pentru suportul și dragostea lor.

❖ Locațiilor bune unde cartea a fost creată, incluzând: Cafenea/
Bar Florian și Star Café, Heidelberg, Germania; Cafeneaua
Boema aparținând Hotelului Select, Cafeneua No. 8 și Cafeneaua
Maideyi, Iași, România; Turabo Café, Brașov, România; Bull's
Head Diner, Stamford, Connecticut; Versailles and Méli-Mélo,
Greenwich, Connecticut; Connecticut Muffin and Zumbach's
Gourmet Coffee, New Canaan, Connecticut USA.

NOTES

FROM HOSHIN MEDIA

The Millionaire's MAP™

Chart Your Way to
Wealth & Abundance by
Tapping the Infinite Power
of Your Imagination.

By Matthew K. Cross

*Hoshin Media, 2010; 144 pages,
illustrated workbook. $24.95*

www.MillionairesMap.com

The Genius Activation
Quote Book

Activate your Innate Genius
with these Classic Divine Code/
Golden Ratio Quotes.

By Matthew K. Cross and
Robert D. Friedman, M.D.

*Hoshin Media, 2011;
illustrated. $13.95*

www.TheDivineCode.com

The Divine Code of Da Vinci,
Fibonacci, Einstein and YOU

A treasure chest encyclopedia of the history,
pioneering geniuses and practical applications
of PHI/the Golden Ratio 1.618:1, the Secret
Success Code of the Universe.

By Matthew K. Cross
& Robert D. Friedman, M.D.

*Hoshin Media, 2009; 660 pages;
illustrated. • $29.95*

www.TheDivineCode.com

From Hoshin Media

Set Your Priorities Straight™
with the **Hoshin Success Compass**

Chart your way to total success
with the strategic alignment process
of the world's greatest companies.

By Matthew K. Cross

*Hoshin Media, 2017; 86 page
illustrated color workbook.* • *$24.95*

www.HoshinMedia.com

The Golden Ratio &
Fibonacci Sequence

A delightful introduction and portal
to the golden keys to genius, health,
wealth & excellence

by Matthew K. Cross &
Robert D. Friedman, M.D.

*Hoshin Media, 2013; 62 pages;
illustrated in color.* • *$16.18*

www.HoshinMedia.com

Nature's Secret Nutrient™

The breakthrough system for peak
health, performance & longevity.
Ventures boldly into new territory
where no doctor, nutritionist or
personal trainer has yet traveled.

by Robert D. Friedman, M.D.
& Matthew K. Cross

*Hoshin Media, 2017; 500 pages;
illustrated.* • *$24.95*

www.GetNSN.com

89973705R00102

Made in the USA
Columbia, SC
23 February 2018